ヒットを生む技術

小規模出版社の編集者が
“大当たり”を
連発できる理由

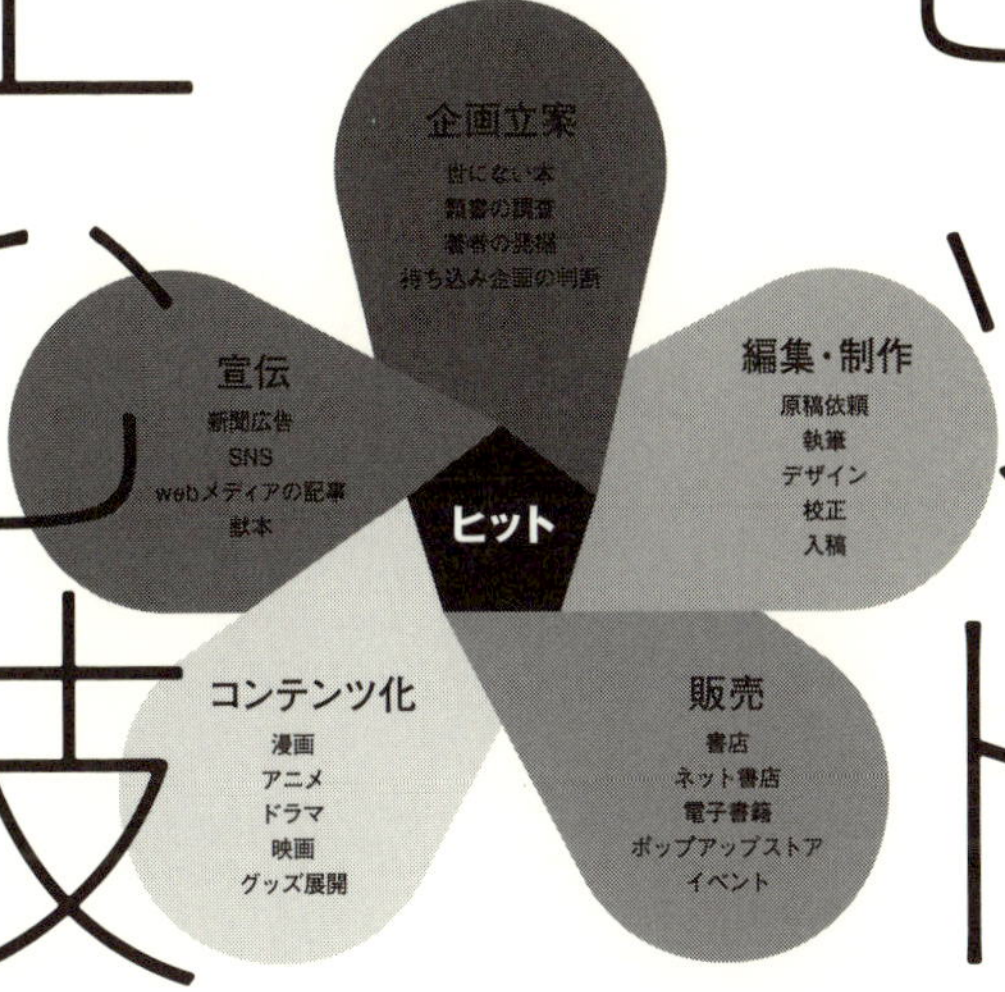

大泉りか 聞き手

草下シンヤ 元 彩図社編集長
作家・プロデューサー

TETSUJINSYA

まえがきにかえて

本書は、小規模出版社でありながら尖った企画の「ヤバい本」でベストセラーを連発する異色の編集者／作家・草下シンヤ氏の「ヒットを生む技術」を網羅したビジネス書である。企画の立て方から、編集の方法、広告・販売のノウハウ、ＳＮＳ戦略など、「本が売れない時代」の出版業界で必要なことが詳細かつ具体的に記されている。

ここまでぶっちゃけていいの？

同じ編集者としてあきれるやら、面白いやら、参考になるやらで、改めて草下氏の常人離れした感性に驚くばかりなのだが、それはまあ皆さんも読んでみてください。最初に一つだけ言っておきたいのは、この本は出版業界のみならず、あらゆるコンテンツ業界で仕事がしたい人、すでに携わっている人にも大いに役立つ点だ。クリエイターたちよ、最前線に立て！

2024年9月　鉄人社編集部

小規模出版社の編集者が〝大当たり〟を連発できる理由　ヒットを生む技術　目次

書籍制作の大まかな流れ

商業出版で書籍を制作する際は様々な編集作業を行います。本書を読む前に、まずは時系列に沿って大まかな流れを把握しておきましょう。（編集部）

【著者にアタックする】 著者に会って企画内容を説明し、出版の了承を得る。著者自身が書くのか、ライターがまとめるのかも打ち合わせる。

【企画書を作る】 仮のタイトルや、概要、ターゲット（読者層）、著者、体裁、競合本、構成（目次）など記した企画書を作り、企画会議にかける。無事に通れば制作スタート。

【項目出し】 著者に書籍の内容＝項目を出してもらったら、章構成をディスカッションしながら固めていく。章構成は本の設計図のようなものなので、この作業は非常に重要。

【取材】 本の内容によっては、著者が取材する。編集者が同行することもある。

【原稿整理】 第一稿ができあがったら編集者が目を通す。ブラッシュアップするための相談を著者としたり、構成を組み替えたりして原稿の完成度をあげる。

【デザイン】 原稿が完成したら、ビジュアルを手配し、テキストデータを用意。表紙まわり（カバー、帯、本表紙）のデータとともに、デザイナーにデザインを発注する。編集者がラフレイアウトを書いて指示することも多い。

【組版】 前述の原稿を本文《ほんもん》に流し込むことをＤＴＰという。以前は印刷所が行うケースがほとんどだったが、現在はデザイナーが主流。組版（デザイン）が完成した本文を紙に印刷したものを「ゲラ」と呼ぶ。

【校正】 初稿のゲラを主に著者、編集者、そして、校閲／校正者（誤字や事実確認をする専門職）の三者でチェックする。赤ペンで直しの指示を入れて、デザイナーが反映。間違いがなくなるまで（完全になくすのは難しいが）、何度もこの作業を繰り返す。

【印刷所入稿】 校正を終えたら、表紙まわりとともに、フルデータで印刷所に入稿する。確認のための白焼きと色校正を出し、間違いがあった場合はデザイナーに差し替えページを作ってもらい、再入稿。通常はここで責任校了、通称「責了」する。

【製本】 製本所で製本し、完成。出版社の見本を除いて取次に搬入され、そこから全国の書店・ネット書店に配本される。ちなみに注文用の在庫は出版社の契約倉庫に収納。編集者は著者や関係各所、宣伝してくれそうな媒体などに献本を行う。

一章

企画の立て方

出版不況と言われ始めて、もう随分と経つ。出版界自体に元気がないことに加えて、現在は、ＳＮＳや配信のサブスク、ＹｏｕＴｕｂｅなど、身の回りにライバルとなるエンタメコンテンツが溢れすぎている状況もあり、これまでよりもいっそう魅力的な企画がなくては、本はもう、それらに対抗することはできない。

かつてに比べて、圧倒的に本が売れない実情にあるいま、すべての編集者は、その力量が試される状況にあるといえる。そのなかで、彩図社という決して大手とは呼べない出版社で、人並み外れた企画力を武器にヒットを生み出し続けている編集者・草下シンヤ氏。彼は自らの置かれた現状をこう分析している。

うちは小規模出版社。名前だけで売れるような有名な著者と仕事をするっていうことは、これまで基本的にあまりなかったんです。だから独自性で勝負しなきゃいけないっていうのが根本にありました。面白い切り口の企画、数多い本の中で埋もれない企画、どこよりも尖った企画で凌いでいかないといけなかった。タイトルを聞いただけで「なにそれ」と思ってもらえる読者の好奇心を引けるような企画の本を出し続けるしか、生き残る道はなかったんです。

彩図社は社員数15名・資本金１０００万円。出版社のなかでは、中小に位置する。

資本金3億・社員数は900名を超える講談社、資本金1億超で社員数は700人以上の集英社、資本金1億4700万円・700人以上の社員を擁する小学館など大手三社に比べると、一冊の本にかけることのできる予算のシビアさはもちろんのこと、書店の棚の確保から、書籍の卸と流通とを担う取次へのマージンの料率まで、不利な状況にある。

しかし、書店に足を運ぶ読者にとっては、大手三社だろうが中小の版元だろうが、あまり関係がない。並んでいる本が「面白そう」と気になれば手に取るし、「読みたい」と思えばレジへと持っていく。企画力さえあれば、資本金も社員数も桁違いの大手に勝つことができる。現に草下氏は企画力の高さから、ベストセラーを連発することに成功している。

書籍という商品の特性は、少部数多品目、少しのロットのものがいろんな種類あることです。ゲームや映画は、作るのに莫大な予算がかかることもあって、書籍に比べたら年間のリリース数はずっと少ない。それに比べて書籍は、一冊を作るコストが低いから、小さいロットで成立するし、憲法上の表現の自由に守られているから、表現できることの幅も広い。だからいろんな個性的な種類のものが出る。そういうところが本の面白さです。

このシステムを支えるのがトーハンや日販に代表される「取次」の存在だ。詳細は後の「部数」の章で説明するが、小さな版元の数少ない出版物でも、取次が大手の本や雑誌と一括で書店に運ぶことで、流通コストを下げて配本ができる仕組みがある。が、そこにも近年は変化が生じている。

10年、20年前までは書店も取次も元気だったので、どんな企画の本でも、3000部は配本ができました。それだけ配本されるならば、ギリギリ商売として成立する。だったら、どれだけ売れるかは未知数であっても、出してみようという勢いがあった。だから書店の棚には、すごく尖っている本が並んでいたし、本屋はバラバラの個性を持ったものがぎっしりと詰まった、おもちゃ箱のようだった。僕もその当時は、日がな書店に入り浸って、面白い切り口や、捻れる切り口がないかを、ずっと探していました。けれども最近は、本が売れなくなってきたことを受けて、大手版元も含めて類似企画が増えて、個性的なものが出にくくなってしまいました。

『日本統計年鑑』にある出版関連データによると、書籍の発行点数のピークは2013年の8万2589点だ。しかし、2022年には6万6885点へと減少。雑誌も同じく、戦後の1940年代後半にあった類のない雑誌ブーム（なんと7249点も発行された！）を別にすれば、2005年の4581点をピークに減少を続け、2022年には2482点と半数近くにまで落ち込んでいるのが現状だ。

本の売れ行きが年々低下していることにくわえて、紙も印刷代も高騰傾向にあるから、原価そのものがあがってしまい、売れるかどうかわからないマニアックな企画は、なかなか通りづらい。かといって版元は、資金繰りのために本を出し続けないといけないから、ギリギリこけない、どこかで聞いたような無難な企画が増えて結果つまらなくなる。だからいま、お金を払ってまで買う価値のある本そのものが、ものすごく減ってしまった。本の魅力自体がさがってしまって、ゆえに本を買う人が減るという、悪いスパイラルに陥ってしまっています。

しかし、そうはいっても本を売る場所としてはまだ書店がメインです。書店に行く人というのは、本が好きな人。そういう人たちに刺さるのはやっぱり面白い企画の本です。だから僕の企画についての考え方は、以前と変わらない。それどころか、むしろ、より尖らないといけないと思っています。書店で見かけて、思わず手に取りたくなるような企画を立てて本を作り続けることこそがいま、編集者という職業に就く人々にとっては重要なことではないでしょうか。少なくとも僕はそう考えているし、そうありたいです。

自らの信念を通して、尖った企画の出版物を次々にヒットに導いている草下氏が、彩図社の編集者として担当し、これまで世に出した書籍（コミックス等も含む）は282冊。うち、重版がかかったのは162冊（2024年8月現在）。

出版業界を少しでも知る者であれば、この6割近い重版率が、いかに驚異的なことであるかが理解できるはずだ。制作費や宣伝資金が豊富にあり、販売力も強い大手とは違い、草下氏の勤める彩図社は中小の規模。部数の見込まれる有名タレントの写真集や、ベストセラー作家の新作といった「必ず売れる本」を手掛けての6割ではなく、自らの企画力で勝負をした書籍で、出版市場が縮小するなかでもヒットを出し続けている。

草下氏は、いったい他の編集者とどう違うのか。この章では、実際に草下氏が手掛けた書籍を具体例としてあげながら、草下流・企画の立て方に迫っていく。

「売れる本」は3種類に分類される

文芸書やビジネス書、実用書、さらには子ども向けの絵本や学習参考書にアダルトまで、本には様々なジャンルがある。読者ターゲットを一般に向けたものもあれば、研究者や専門家に向けたものも。草下氏が手掛けているのは、一般向けのノンフィクションや実用書、教養系の書籍からコミックスまでと幅広い。例えば辞典や特定の学問分野における文献など、売れずとも存在すること自体に価値がある書籍もあるが、〈商品〉として本を作っているのであれば、やはり売れなくては仕方がない。では売れる本とはどういう本なのか。草下氏はこう分析する。

　本が売れなくなってきて、紙の本がどんどんキツくなっていくなかで、売れる可能性のある本は3種類に分類されます。

　ひとつは著者やキャラクターにファンがついているグッズとしての本。「その人の話が聞きたい」「その人のことを知りたい」と、人の興味をそそるものも、ここに入るかもしれません。もうひとつは実用的であることにひたすらに特化した本。具体的にはハウツーや料理のレシピ本なんかがここに当てはまります。そして最後は、読んで「めちゃくちゃ面白い！」と思える本。例えば特定の業界の裏話だったり、ゴシップだったりといった好奇心に働きかけるものです。

　昔は「なんとなく面白い」とか「なんとなく役に立ちそう」くらいの感じであっても、みな本を買っていました。が、うってかわって今は娯楽の種類も多いし、景気もよくなくて財布の紐が固いから、お金を払って買う価値があるかないかを、しっかりと吟味されてしまう。だから、この三つのどれかに振ってないと売れないんです。

なので、まず著者ありきの本、「あの人に書いてほしい」という書き手にあわせた企画を立てる場合には、僕は、その人の持っている情報がこの三つのうちのどこに当てはまるのかを考えます。

貴闘力さんを著者に立てた『大相撲土俵裏』（２０２２年９月）という本を具体例にあげます。僕と、危険地帯ジャーナリストの丸山ゴンザレスとでやっている『丸山ゴンザレスの裏社会ジャーニー』というＹｏｕＴｕｂｅチャンネルがあるんですが、ゲストとして貴闘力さんに出演してもらったことがあったんです。収録で貴闘力さんは角界の裏事情について、かなりのギリギリまでしゃべってくれて面白かったので、本の企画を考えてみることにしました。

まず、売れ行きを考えた場合に、自伝はちょっと厳しいかなと判断しました。かといって、実用書に寄せた力士のなり方のハウツー本も、ちょっと違いますよね。さすがにマニアックすぎる。ならば知的好奇心をくすぐるコンテンツにするならどうしようかと考えて、大相撲の八百長や裏話を語ってもらうのがいいんじゃないかと。

以前、『鉄道員裏物語』（２００８年１月　著：大井良）や『パチンコ裏物語』（２０１０年７月　著：阪井すみお）といった業界裏話系の書籍を出版したことがあった

「丸山ゴンザレスの裏社会ジャーニー」（YouTube／登録者数128万人／2024年8月現在）

んですが、その当時はそういうジャンルの本は少なかったこともあって、それぞれ5万部以上売れたんです。その後、様々な版元から同じような裏話系の本が出るようになって、新鮮味が薄れていき、僕としては「もう業界裏話系の本はないかな」って思ってたんですけど、それこそ収録の最中に貴闘力さんと話していたところ、ぱっと『土俵裏』ってキャッチーなタイトルを思いついた。本のカバーに、このタイトルと貴闘力さんのビジュアルがあれば、売れるんじゃないかって。

仮に貴闘力さんご本人に読者があまり興味を持っていなかったとしても、業界の裏話に特化して掘り下げていけば、知的欲求を満たす本になり得ます。この見通しは成功して、『大相撲土俵裏』は後に文庫化したものとあわせて3万部近く売れました。

ベストセラーから発想する

「二匹目のどじょう」ではないが、ヒットを飛ばしたものを参考に、換骨奪胎《かんこつだったい》して企画にするのはそう珍しいことではない。ベストセラーが出ると、似たタイトルの本がすぐに何冊も出てくるのはそのためだ。

とはいっても先行本を超える独自の企画性がなければ売れないのは当然のこと。が、見誤って大量の部数を刷ってしまい、大コケする版元がどれほど多いことだろう。

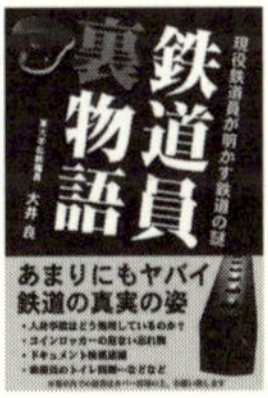

右「鉄道員裏物語
-現役鉄道員が明かす鉄道の謎」
(著・大井良／2008年1月／彩図社)

中「パチンコ裏物語」
(著・阪井すみお／2010年7月／彩図社)

左「大相撲土俵裏」
(著・貴闘力／2022年9月／彩図社)

草下氏が既存の本にアイディアを得て作った本はヒットが多い。その秘訣はいったいどこにあるのか。

そもそも類書はあまり売れません。先行本に比べて、基本的には数字が下がる。本が売れないなか、いまはヒット本といっても、そもそもの数字が小さいので2万部程度だったりする。その類書を作ったところで、8000部ぐらいが天井でしょう。

類書から企画を考えるのは後ろ向きだし、仕事としても、気持ちが盛り上がりませんよね。だから僕はあんまりやらないんですけど、著者と立てた企画で、類書がある場合には数字を見た上で実物を買って研究します。

どういうふうにこれが読者に刺さって、どういう結果が出ているのか。そういうことを含めて読むと、だいたい本の中に不満に思うところが見つかるんですよ。「自分が担当編集だったら、こういうふうにしたな」とか「もうちょっとこういう切り口あったら面白いな」とか。そこを広げるようにします。

だから、売れてない類書でも見ます。なんでダメだったか、どこがダメなのかを考えることは、すごく勉強になる。これから作ろうと思った類書の数字を見て、全然売れてない場合は、編集が悪いのか、著者が悪いのか、販売が悪いのか。売れない原因をいろいろ分析して、どういうふうに切り口を変えれば、ワンチャン売れる可能性があるかどうかを考えて、企画そのもののブラッシュアップをはかります。

後発であることを活かして類書を研究することで、企画の精度を高める。思考を停止させずに練り上げれば、売れる本にするチャンスはある。

いま現在、すでにあるものをそのまま模倣したところで、ただの二番煎じ。パクリ企画の本なんて作っても、まったく面白くない。けれど、バン！と売れているものの裏側や、実は見えていない魅力の部分にフォーカスを当てることで、大元の企画に満足していない人が、こっちの本にも興味を持ってくれる可能性もあります。パクリというと言い方が悪いですが、言い換えると〈角度を変える〉ということです。

ヒット本を参考に企画を立てるとしても、切り口を変え、オリジナルな作品を生み出すのが草下氏のやり方だ。そのいい例のひとつが草下氏が手掛けた『裏のハローワーク』である。

『裏のハローワーク』（2004年5月　著：草下シンヤ）は、マグロ漁船や大麻栽培、治験バイト、夜逃げ屋、偽造クリエイターなど、世の中に存在する危険で裏のある仕事に密着して、働き方から収入、そのリスクまでを紹介した本です。

企画を思いついたきっかけは、当時『13歳のハローワーク』（２００３年11月刊：幻冬舎　著：村上龍）がすごく売れていたのを見て「これを裏社会で作ったら面白いな、裏バージョンでやれないかな」と思いついたんです。

『13歳のハローワーク』と『裏のハローワーク』では、そもそも読者層がまったく違います。だからこそありだし、読みたいと思う人はいると考えました。発想の元は『13歳のハローワーク』ですが、まったく違う企画にブラッシュアップして、まったく違う読者層にアプローチできたので、この本の存在意義は確かにあると思います。『裏のハローワーク』は、著者も僕です。長年、裏社会の取材をしていて内情がわかっていたので、原稿も自分で書きました。20万部は売れましたし、続編の『裏のハローワーク　交渉・実践編』（２００５年５月）、『裏のハローワーク　特別編集』（２００７年12月）などシリーズ化もできた。文庫版、コンビニ廉価版なんかをあわせると40万部くらいはいっています。

編集者は自分では原稿を書かず、著者やライターといった書き手に投げるのが通常の仕事の進め方だ。その型に囚われることなく、自らで書くというやり方を選ぶことができるのは、草下氏の文章力があってこそ。むしろ『裏のハローワーク』に関して

右「13歳のハローワーク」
（著・村上龍／2003年11月／幻冬舎）

左「裏のハローワーク」
（著・草下シンヤ／2004年5月／彩図社）

は、裏社会の情報に詳しい草下氏は、著者として最も相応しいともいえるが。

『書けないと恥ずかしい漢字』（２００４年3月　編：書けない漢字研究会）も、他社の企画を参考に、切り口を変える形で作った本です。河出書房新社の文庫で『読めないと恥ずかしい漢字１０００』という本が大ヒットしていたんですが、その本を見て、僕は「読めるな」って思ったんですよね。漢字を読むことはできる。だけど書くことはできなくなっている、という発想から立案しました。

　この本が出た２００４年頃は、多くの人々がパソコンを使うようになり、手書きで文章を書く機会がぐっと減って「読めはするけど、書けない」って人が増えているように思えたし、読めない人がいてそれが売れてるなら、書けない人はもっといるんじゃないかと。

　この『書けないと恥ずかしい漢字』は、書き込み式の漢字ドリルで、僕ひとりで原稿を書いて、一週間くらいで作りました。だから経費もさほどかかっていませんが、12、3万部は売れました。以降『知らないと恥ずかしい日本語の常識』（２００５年4月　編：日本語の常識研究会）、『使えないと恥ずかしい敬語』（２００５年11月　編：敬語の基本研究会）などを次々にリリースして、合計50万部以上のヒットシリーズになりました。ほんの思いつきで、ほとんど予算も掛けず、たった一週間で作った

右「書けないと恥ずかしい漢字」
（編・書けない漢字研究会／2004年3月／彩図社）

左「読めないと恥ずかしい漢字1000」
（編・日本語倶楽部／2003年11月／KAWADE夢文庫）

のに、数千万円の利益が出せるのも出版という仕事の面白さです。

この手の企画本を編集プロダクションに外注して作ったとして、3人か4人のスタッフが動いても、いいところ一ヶ月はかかるだろう。それをたったひとりで、わずか一週間という短期間で作りあげるのは、ありえないスピード感と言わざるを得ない。草下氏の武器のひとつは仕事の〈速さ〉。並外れた手際の良さが、年間何冊ものヒット作を生み出すことを可能としているのだ。

文豪の作品を料理する

著作権法第51条第2項にあるように、著作物の権利は著作者の死後70年を経過するまでの間、存続する。逆に考えれば、70年が経過すると著作権は消滅する。ゆえに文庫の棚を書店に多く持つ大手版元は、文豪といわれる作家たちの作品を文庫化してリリースしている。しかし、棚の少ない中小出版社で、その王道に挑戦したところで売れ行きは見込めない。だからこそ企画力での勝負となる。

『文豪たちの悪口本』（2019年5月　編：彩図社文芸部）、『文豪たちの口説き本』

（２０２０年６月　編：彩図社文芸部）、『文豪たちの嘘つき本』（２０２３年３月編：彩図社文芸部）は、著作権の知識があってこそ出せた本です。

もともとは企画会議で、文学作品に造詣の深い後輩編集者が企画を出してきたことが発端です。文豪が誰かに出した手紙をまとめようとか、そういう感じの企画で、マイルドというかあまりパンチがなかったんですが、僕も文学が好きで、文豪と呼ばれる人たちの本をずっと読んできたこともあって、文学に関係した本は、積極的に作りたいという希望があるんです。だから、切り口を変えて売れる本にできるかを探ってみることにしたんです。

思いついたのが〝悪口〟でまとめることでした。人間って悪口が大好きだし、表現技術に優れた文豪が、どんな悪口を言うのかって気になるじゃないですか。悪口まで芸術的なのかなって。僕の大好きな中原中也は荒っぽい言動で有名だし。それで集めてみたらやっぱり面白かった。編集作業は後輩にやってもらったのですが、ＳＮＳでバズったりして『文豪たちの悪口本』は５万部のヒットになりました。

文豪についてはそれ以外にも、『文豪たちが書いた 怖い名作短編集』（２０１３年12月）、『文豪たちが書いた 泣ける名作短編集』（２０１４年８月）、『文豪たちが書いた「猫」の名作短編集』（２０１７年11月）といったアンソロジーシリーズも出して

「文豪たちの悪口本」
（編・彩図社文芸部／2019年5月／彩図社）

います。

　著作権フリーの作家の場合、制作費を抑えることができるので、もちろんありがたいんですが、谷崎潤一郎や志賀直哉、川端康成など、まだ著作権は残っているけれども、どうしても紹介したいと考えたものに関しては、日本文藝家協会に問い合わせて、ページ割で印税を払って掲載させてもらいました。

　本を作るのに、著作権が切れているからという理由だけで作るのは後ろ向きだし、第一、面白くない。もちろん本としてのクオリティが落ちてしまっても売れない本になってしまう。それでは元も子もないし、そこは経費を掛けるべきですね。文豪アンソロジーシリーズは累計20万部近く売れています。

　２０１１年3月11日に発生した東日本大震災をきっかけに作った『金子みすゞ名詩集』（２０１１年6月　編：彩図社文芸部）は、著作権の処理が少しややこしかったですね。

　あの時、テレビを点けるとＡＣジャパンのＣＭがくりかえし、金子みすゞの詩を流していましたよね。それで10代の頃、金子みすゞの詩がすごく好きだったことを思い出して「金子みすゞの詩集を出して、売り上げの一部を被災地に募金しよう」って思いついて企画しました。あれだけテレビで頻繁に流れていたら、金子みすゞの存在を

「金子みすゞ名詩集」
（編・彩図社文芸部／2011年6月／彩図社）

初めて知って興味を持つ人もいるんじゃないかって。

ちょっと話がそれますが、もともと僕は詩が好きなんです。高校時代に日本で手に入る詩集のほとんどを読み尽くしているくらい。でもその頃って、詩のアンソロジーは数冊しかなかったし、文庫もなくて高かった。詩を読んでみたいって興味を持った人に向けて、読みやすいもの、買いやすいものがあったら入り口としていいし、そもそも詩が好きだから自分で編んでみたいっていうのもあって、以前『繰り返し読みたい日本の名詩一〇〇』（2010年8月　編：彩図社文芸部）という本を企画して、文庫で出したことがあったんです。

その際、金子みすゞの詩を収録するのに、作品を管理しているという、JULA出版局という版元に、印税の支払いの件で連絡を取りました。

本当は金子みすゞの著作権って、すでに切れているんです。けれども、JULA出版局には、金子みすゞの埋もれていた詩を発掘して世に出したという功績があったので、没後50年（当時の著作権法での期間）経っても窓口になっている。『日本の名詩一〇〇』の時は印税を払ったけれども、改めて考えてみたらなんだか不思議な話だなとも思って。

本当に払わなければいけないお金なのかという疑問があったし、JULA出版局に

「繰り返し読みたい日本の名詩一〇〇」
（編・彩図社文芸部／2010年8月／彩図社）

印税を払うと、被災地に送る金額がその分減ってしまう。だから、あえてJULA出版局に確認することなく出版しました。もちろん、払うべきお金は、きちんと払うべきです。けれど慣習というだけで払うのは間違っています。結局、著作権についてJULA出版局と揉めることもなかったし、『金子みすゞ名詩集』は15万部売れた。微力ながらも被災地のためになることができて、よかったです。

今回のケースは被災地に募金することが目的ではあるものの、どこの版元も厳しい制作費のなかで本作りをしているいま、〈払うもの〉と〈払わなくてもいいもの〉を見極めるためにも、著作権の知識は身に着けておく必要がある。というのも、一概に没後70年経ていれば、著作権がフリーになるとは限らないからだ。とくに海外の作品の場合は、著作権が切れていないケースもあるという。

海外の有名な画家の描いた絵画の中でも、逸話のあるものばかりを集めた『ワケありな名画　名画31点の裏鑑賞会』（2012年4月　著：沢辺有司）という本を作ったことがありました。ダ・ヴィンチの『モナリザ』やピカソの『ゲルニカ』、ミレイの『オフィーリア』など絵画に少しでも興味がある人であれば、誰もが知っている著名な作品の裏エピソードを紹介した本です。

著者の沢辺有司さんは最初、歴史にまつわる企画を持ち込んできたんですが、ちょっと内容が真面目すぎた。どう面白くしようかと考えていたところ、提出してもらった企画案の中に、絵画の話もあったんです。人ってやっぱり揉め事とか事件とかに惹かれるじゃないですか。そういう隠れたエピソードのある絵画を集めたら面白くなると思って企画にすることにしたんです。

そういう経緯で作り始めたんですが、画家の絵にはエージェントがついてる場合があるんです。使用する時は、お金を払って許可を取らないといけない。使用料は一枚2、3万円くらいはするので、決して安くはない。しかも、日本の著作権法と世界のそれとは、また違う。この本に関しては、31点中5点くらいは使用料がいるということがわかり、許可が取れるものに関しては、しかるべき窓口を通して取り、許可が取れないというものに関しては、あっさり引きました。許可が取れないものは、収録を諦めるというのもひとつの方法です。あまり一点にこだわっても仕方がないので。

結局、著作権法ってどこからどこまでが適法か、曖昧なところがあるんですよ。例えば引用の範疇については、ページの中の主（著者の文章）と従（引用部分）が明確であれば許されるということもある。すごく複雑ですが、僕はもちろん、著作権法について勉強しているし、何か言われた時には戦えるくらいの正当性があるかの判断ができます。

「ワケありな名画　名画31点の裏鑑賞会」
（著・沢辺有司／2012年4月／彩図社）

この本は、ものすごく売れたっていうわけではないですが、コンビニの廉価版などにもなっているので、そういうものをあわせれば3万部はいっています。

ときにイラストや画像などの無断使用を取り沙汰されることもある出版業界。判断基準があいまいなケースも多いが、草下氏の意向もあり、彩図社は著作権は遵守する方針を取っている。

ものごとをコントロールすることって、大切なんですよ。僕はずっと裏社会の取材をしてきましたけど、取材対象者が一筋縄ではいかない人たちばかりだから、ちょっとの行き違いでも、こじれて面倒くさくなってしまうことがある。お金で解決できることは楽なので、後から揉めるよりは、払うべきところにはしっかり払うという考えなんです。もちろん払う必要のないところには払いませんが、雑誌とは違って書籍は長く残る前提で作る。なので、書籍の編集者は、余計に著作権については、気を配るようにしたほうがいいですね。

既存のルールにとらわれない

彩図社の看板のひとつ〈危ない旅行書シリーズ〉。累計70万部を超えるロングセラーで、好奇心旺盛な旅行者たちの裏バイブルともなっている。この企画がどうして生まれたのか、そこには型破りともいえる秘話がある。

20年以上前、彩図社は自費出版の版元としてスタートしました。応募原稿を、お金をもらって出版するっていうことをしていたんですが、あまり面白い仕事ではないから、これからは企画出版をやっていきたいという意見が社内にあったんです。

そこで目を付けたのが『ぶんりき文庫』という自費出版レーベルから出ていた嵐よういちさんの『海外ブラックロード』（2002年3月　著：嵐よういち）です。これは、嵐さん自身が応募してきた原稿を文庫で出版したものなんですが、自費出版の文庫の中でも抜群に売れていた。というのも、池袋に芳林堂という書店さんがあって、当時、旅行書コーナーが充実していたんですよね。一般の読者からしたら自費出版とか企画出版とかって関係ないじゃないですか。面白い本だったらパッと買っていく。そんな魅力が『海外ブラックロード』にはあったんです。

この『海外ブラックロード』を、単行本で出し直したらどうだろうと営業部の部長と一緒に考えたんです。単行本からの文庫化はよくありますが、文庫からの単行本化は、珍しいというか、ほぼないと断言してもいいと思います。なので、うまくいくかどうかは未知数だったのですが、僕も会社も若かったですし、「チャレンジしてみよう」と実現することになりました。

そもそも単行本よりも、文庫のほうが価格が低い。ゆえに文庫で売られているものを、わざわざ単行本化したところで、歓迎して購入する読者がどれだけいるかという疑問がまず浮かぶ。しかし、草下氏があえて挑戦したのは「売れる」という予感があったからだ。

なんでチャレンジできたかというと、あの本の企画自体がよかったから。

分析すると普通の旅行記って、出発して旅行してあちこち回ってっていう時系列なんですね。けれども旅行話って、細かくずっと聞いていても、さして面白くない。旅行先で遭遇したトラブルとか、ちょっと危険な目に遭うとか、あとは女遊びとか、異世界のヒリヒリする情報が面白いわけです。

『海外ブラックロード』は、そういうところだけピックアップしていたんですよ。こ

「海外ブラックロード」
（著・嵐よういち／2002年3月／彩図社）

れ、実は新しい企画、これまでにない旅行記だったんです。

この企画を活かしたまま、全体のボリュームをアップして、エピソードの順番もデザインも変えて単行本で出してみたら、3、4万部のヒットになったんです。後に、再度文庫化したら、今度は10万部以上売れました。

単行本化にあたって再編集し、さらには新章を追加するという手間をかけることで、既存読者の反発を買うことなく新刊として書店に並べることに成功するとともに、再度の文庫化で余すところなく売り抜く。優秀なコンテンツだという確信のもと、徹底的に売ろうという草下氏の攻めの姿勢が、『海外ブラックロード』を生まれ変わらせ、ヒットへと導いたのだ。

さらに草下氏はこのコンテンツを発展・継続させることを思いつく。

この旅行本の企画は、再生産できると考えて、ケレン味のあるエピソードだけを集めた〈危ない旅行書シリーズ〉を立ち上げました。嵐さんにも当然、何冊か書いてもらったんですが、点数が少ない。なので別の著者を立てて、まずは、アジアに特化した『アジア「裏」旅行』（2003年7月　著：平間康人）を出しました。それもすごく売れて、その次が丸山ゴンザレスの処女作『アジア「罰当たり」旅行』（200

5年2月）です。

現在、テレビ出演に執筆活動にYouTubeにと大活躍している危険地帯ジャーナリストの丸山ゴンザレス氏と、草下氏との親交はかなり以前からのこと。『クレイジージャーニー』で大ブレイクする前に遡る。実は丸山ゴンザレス氏が作家としてデビューするきっかけとなったのは、草下氏との出会いだった。

マルちゃん（丸山ゴンザレス）との出会いは22、3年前、マルちゃんは大学を出た後に測量の会社で働いていたんだけど、たまたまその職場が大塚の、彩図社の近所だったんです。

うちの会社の営業部の部長がマルちゃんの大学の同級生で、ある時、彼が道を歩いていたらマルちゃんにばったり会って「丸山、何やってんだ」と声を掛けたんです。「ここの近くで働いてるんだよ」って、その流れで「一緒に昼飯でも食うか」ってなったと。当時はみんな若くてノリもよかったから、僕も誘われて一緒に食事をすることになり、そこでマルちゃんから、学生時代にアジアとかをバックパッカーで周っていたという話を聞いたんです。まさに渡りに船のタイミングだったから、「書いてみない？」と声を掛けて、それがマルちゃんのデビュー作の『アジア「罰当たり」旅

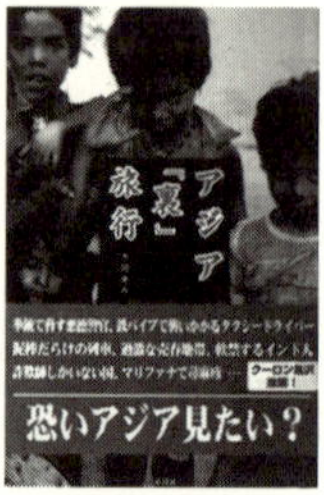

右「アジア「裏」旅行」
（著・平間康人／2003年7月／彩図社）

左「アジア「罰当たり」旅行」
（著・丸山ゴンザレス／2005年2月／彩図社）

行』になりました。

その後、丸山ゴンザレス氏は執筆活動を続けるなか、紀行バラエティ番組『クレイジージャーニー』（TBS系列）で大ブレイクを果たし、一躍お茶の間に知れる存在に。草下氏とタッグを組んでのYouTubeチャンネル『丸山ゴンザレスの裏社会ジャーニー』も人気コンテンツに成長した（後述）。

YouTubeチャンネル『裏社会ジャーニー』で著者を発掘する

草下氏が企画を立てる際のアイディア源のひとつが、YouTubeチャンネルの『丸山ゴンザレスの裏社会ジャーニー』。『裏社会ジャーニー』とは、TBS系列の紀行バラエティ番組『クレイジージャーニー』でお馴染みの、危険地帯ジャーナリストの丸山ゴンザレス氏が、裏社会についてわかりやすく解説する解説型教養バラエティで、登録者数は128万人超（2024年8月現在）という大人気チャンネルだ。元ヤクザの組長や、元暴走族の総長、特殊詐欺で捕まった元服役囚など、裏社会に通じたゲストが登場することも多い。草下氏はこの番組のプロデューサーをしつつ自ら出演、共演者との出会いをきっかけに実現した書籍も少なくない。

変わった経験をしてきたという人や、面白い肩書の人に出会っても、いきなり本を書いてくださいとオファーはしにくいですよね。その人の持っている情報が、どれだけ整理されているかや、どのくらいの価値があるかはわからないので。なので、まず『裏社会ジャーニー』に出演してもらうことはよくあります。話を聞いて「いけるな」と判断したら、企画を立てて、書籍を作るというパターンです。

『元ヤクザ弁護士　ヤクザのバッジを外して、弁護士バッジを付けました』（2023年5月　著：諸橋仁智）は『裏社会ジャーニー』がきっかけで作った本です。

ある時、友人から「元ヤクザで足を洗ってから弁護士になったという面白い人がいる」と、諸橋仁智さんを紹介されたんです。元ヤクザで現在は弁護士って、ちょっとびっくりするじゃないですか。対極にあるというか、とにかくインパクトがある。

だからすぐに声をかけて『裏社会ジャーニー』に出てもらったら話が面白かったし、人生に感動しました。収録中に「この人の本を作ろう」って。キャラクターというか企画性が面白いし、人生につまずいてしまった人を勇気づけられる本になるなって。

『裏社会ジャーニー』は過去に裏社会に関わりがあったり、犯罪の経験を持つ人に出演してもらうことが多いんです。もちろん、スキャンダラスな人の話を聞きたいって

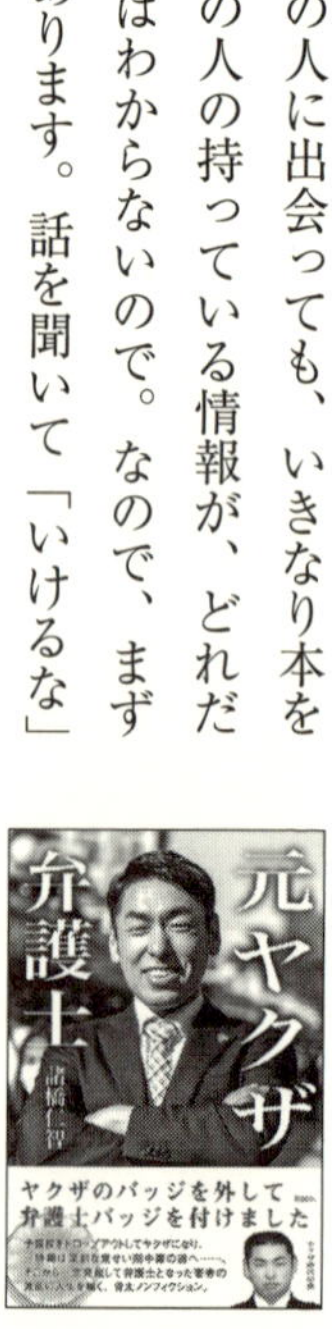

「元ヤクザ弁護士
ヤクザのバッジを外して、弁護士バッジを付けました」
（著・諸橋仁智／2023年5月／彩図社）

いう視聴者のニーズに応えている部分もあるんですが、僕としては、そういう人たちの人柄を世間に知ってもらいたいという意図もあるんです。一度失敗した人間であっても一生懸命、人生を立て直そうとしているのであれば、そこを評価してほしい。「元裏社会の住人だったり、犯罪歴があったりって人であっても人生は立て直せる」というようなメッセージをXでポストすると、「それなら彩図社で雇用すればいい」とかリプで絡んでくる人もいます。僕は編集者という立場だから雇用まではできないけれど、本を作ることはできる。著者になれば、生業になるしお金も発生する。人生を立て直そうとしている人に、活動する場を提供するのが僕のできることです。

そういう思いを込めて、元ヤクザから弁護士になった諸橋さんの本は、売れる売れないよりも、意義があると思って作りました。その思いが通じたのか、電子書籍を合わせて2万部近いヒットになりました。

親が5000万円の借金を背負ってしまい、それを返すために17歳でマグロ漁船に乗った体験を語った『借金を返すためにマグロ漁船に乗っていました』（2022年9月　著：菊地誠壱）も、『裏社会ジャーニー』きっかけのパターンです。マグロ漁船って昔から都市伝説化しているじゃないですか。けど、本当に乗った人の話ってあまり聞いたことがない。だから知りたいってニーズがあるんじゃないかと思って登場いただき、後に本にして出版しました。

山口組系の組織で組員をしていたてつさんという人の『関西ヤクザの赤裸々日記』（2021年11月）も『裏社会ジャーニー』がきっかけです。うちのチャンネルでアウトロー文学大賞という文学賞を主催したのですが、そこに送られてきた原稿をまとめました。ヤクザの本というと人生を美化するような内容も多いのですが、タイトルにもあるように、ダメなところや情けないところもきちんと書いた赤裸々な内容が受けて重版がかかりました。

『裏社会ジャーニー』は、人物にフォーカスするパターンが多いですけど、書籍化する時は、読者が何を読みたいかを考えて、その著者の持っている情報なり、経験なりを活かせる切り口を決めます。

『丸山ゴンザレスの裏社会ジャーニー』を介して、独自の情報や稀有な経験を持つ人材と知り合い、そこから出版企画の可能性を探る。YouTubeチャンネルを人気コンテンツに育てあげたことそのものが、一介の編集者が真似できる仕事ではない。が、それでも独自のネタや才能を持っている人と、知り合えるサイクルや場所を作ることは、自分の努力次第で誰でも出来るのではないだろうか。

右「借金を返すために
マグロ漁船に乗っていました」
（著・菊地誠壱／2022年9月／彩図社）

左「関西ヤクザの赤裸々日記」
（著・てつ／2021年11月／彩図社）

作りたい本を作る

自伝からルポ、知識本から実用書に漫画と、様々なジャンルでヒットを連発する草下氏だが、社会的意義を意識して企画することもある。

『元ヤクザ弁護士』のように、世の中に希望や勇気、元気を与える本、そして、好きな文学や詩をモチーフにした本を作りたいということは、すでにお話ししましたが、もうひとつ、僕がこだわって作っているのは、学びたいという意欲を持っている人が学をつけられる本です。彩図社の〈いちばんやさしいシリーズ〉がそれにあたります。

僕は高卒で学歴がないわけですよ。だけど昔から本が好きで、自分なりに勉強していた。学歴で人を判断する人もいるけど、学歴がないならばないなりにしっかり知識を身に着けておこうって、意識して本をたくさん読んできたんです。

僕と同じような、学歴はないけど、学びたいって人もきっとたくさんいるし、学歴がなくても知識さえあれば、世の中で渡り合える。そういう思いで作ったのが『図解　いちばんやさしい哲学の本』（２０１３年3月　著：沢辺有司）です。５万部以上のヒットになったので、『図解　いちばんやさしい三大宗教の本』（２０１４年3月著：沢辺有司）、『図解　いちばんやさしい古事記の本』（２０１５年12月　著：沢辺有司）、『図解　いちばんやさしい地政学の本』（２０１７年５月　著：沢辺有司）とシリーズ化していきました。シリーズ累計では60万部くらい出ています。著者の沢辺さんが難しい物事をわかりやすく噛み砕いて書いてくれているので、知識を身に着けたい人は気軽に手に取ってほしいです。

持ち込み企画の判断の仕方

ライターという職業を選んだ者にとって、自分の著書を出すことは、ぜひとも叶えたい夢のひとつ。編集者から声を掛けてもらえる幸運な人もいれば、自分から企画を出して実現を目指すという方法もある。また、本業は別にあっても、本を書いてみたい、出してみたいという望みを持っている人もいるだろう。

しかし、持ち込まれた企画は大半が使い物にならないと編集者は口を揃えて言う。だが、そこからビッグヒットが生まれることもあるから難しい。例えば有名な話でいうと、１００万部以上のミリオンセラーとなった『完全自殺マニュアル』（１９９３年７月　刊：太田出版　著：鶴見済）は著者の持ち込み企画だそうだ。

草下氏が勧める彩図社のサイトでも、プロアマ問わず、商業出版のための企画・原

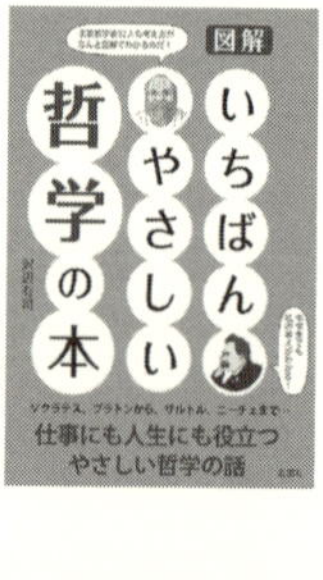

「図解　いちばんやさしい哲学の本」
（著・沢辺有司／2013年3月／彩図社）

稿を広く募集していて、多くの応募作品が届くという。企画や原稿を持ち込まれた場合、草下氏はどういう基準で、出版するか否かのジャッジをするのだろうか。

正直、持ち込み企画が１００本あったとして、僕が通すのは2本くらい。ただ、これはかなり確率が高いと思います。一般的には１０００本あって企画通過するのが3本くらいだと言われています。けれども彩図社のような小さな出版社では、一見ではダメだと思うような企画であっても、切り口を変えたり著者の活かし方を模索して実現していく必要があるからです。

以前は僕自身がすべての応募企画に目を通して、寸評を送っていました。そこからやり取りが続いて出版された本も多いです。『超訳　孫子の兵法』（２０１１年3月　著：許成準）、『パチンコ裏物語』（２０１０年7月　著：阪井すみお）なども応募企画からヒットになりました。

とはいえ、ほとんどの応募企画はそもそも企画自体が成立していません。書きたい気持ちが強すぎて、誰が読むのか、どんな本なのかってことをわかっていない場合が多すぎます。そこを意識すれば、企画が通る確率も随分と変わってくると思うので、持ち込みするライターはもとより、編集者も心掛けたほうがいいと思います。

本は商品です。「お金を払ってよかった」と読者に思ってもらえないと完結しな

「超訳 孫子の兵法」
（著・許成準／2011年3月／彩図社）

い。勢いがあるとか、熱意があるとかも大事ですけど、近視眼的になって、本質が見えなくなってしまっては本末転倒です。

旧知の仲の作家からの持ち込みで出版に至る企画もあります。ノンフィクションライターの高木瑞穂さんの『売春島「最後の桃源郷」渡鹿野島ルポ』（2017年8月）は、持ち込みの企画でした。

高木さんとの初の仕事だったし、いまはノンフィクションが売れなくなってきている時代、「売れるかわからない」と少し迷うところもありました。

でも、売春を主な産業にしている島って闇深くってやっぱり興味を引くじゃないですか。確かに雑誌なんかでこれまでもたびたび紹介されてきてもいて手垢に塗れてはいるし、すでに島自体が廃れてしまっていて、ネタとしては古くもあるのがネックではある。けれどもマグロ漁船と同じく、ある意味で都市伝説的なところをいま、しっかりと取材して検証するというところに、興味を引かれたんです。アングラ雑誌の『裏モノJAPAN』や『実話ナックルズ』では、4ページか6ページくらいの記事や漫画で紹介されるに過ぎない。「変わった島があったよ」といった切り口しかないんだけど、それを一冊の本で書くのってまったくボリュームが違うわけで、やってみたら面白いんじゃないのって。

「売春島『最後の桃源郷』渡鹿野島ルポ」
（著・高木瑞穂／2017年8月／彩図社）

著者のネームバリューやＳＮＳのフォロワー数も大事です。けれどやっぱり面白くないと作っても楽しくないですよ。「これはダメだな」ってつまらない気持ちで作って、それで売れないっていうのが、編集者としては一番きつい仕事です。やっぱり面白く仕事ができるか、興味が持てるかっていうのがまず一番。だから「やってみよう」っていう心意気で作りました。結果、文庫と合わせて８万４０００部くらい。電子も入れたら10万部くらいはいってるはずです。

『売春島』については、発売のタイミングも味方してくれました。あの頃は、新刊を紹介してくれるウェブメディアは少なかった。けど『売春島』はタイトルの引きの強さもあって、講談社の『現代ビジネス』と、文藝春秋の『文春オンライン』で取り上げてもらえたんです。

最近は新刊のパブでウェブメディアに抜粋記事が掲載されるのが当たり前のことになってしまったし、記事自体、日々ものすごくたくさんリリースされるので埋もれてしまいがちだけど、当時はまだ記事が少なかったのと、『売春島』というネタが刺激的だったっていうのがあって、ＰＶが伸びて、本の売れ行きにつながったと思います。書店でも売れたし、ネット書店やＡｍａｚｏｎでもウェブ記事の影響で売れた。

広告も上手く使いました。ある新聞社には『売春』って言葉はダメだって断られたんですけど、読売新聞や朝日新聞には、半五段の広告を出して無事に掲載してもらえました。
新聞の紙面に『売春』って言葉が出たことで、シナジーが生まれたし、いろんな条件が重なって全体的に売り伸ばしていくことができてよかったと思います。

著者の高木瑞穂氏は、もともと著作を何冊も持つプロのジャーナリストだ。ゆえに書き手として信頼感があるという優位性はあるが、それでも企画が面白くなければ、当然通らない。草下氏が「面白い」と判断した、その基準はどこなのだろうか。

本は値上がりしているけど、それでも2000円もあれば単行本が買えますよね。それを人にご馳走する飲み代だと考えた場合、「お金を払ってでも、人からその話が聞きたいか」っていうのが僕の基準です。面白くない話だったら、ご馳走してまでその人とは飲みたくない。他の版元で売れるかもしれないけど、面白くない仕事なんだから、自分はやらなくてもいい。「一杯ご馳走するから、その話聞かせてよ」っていうものは、読者視点で見た時に価値ある情報なので、企画の精査という点においては大切にしています。

まだない本に気がつく

生活する上で役に立つ知識や技術を学ぶための実用書は、手堅く売れるジャンルとはいえ類似書も多く、その中でどう差別化させられるか、目立たせられるかが売れる企画のキーポイントとなる。しかし、このジャンルで新たな切り口を見つけるのは、そう簡単なことではない。

例えば数多ある麻雀の戦術書は、当然のこと、すでに著者もテーマも擦られ尽くしているが、草下氏はふとしたきっかけから新たな切り口を発見。果して草下氏は「これまでにない麻雀の実用書」をどうやって生み出したのか。

『純黒ピン東メンバーが教える　フリー麻雀で食う超実践打法』（2015年6月著・雀ゴロK）は、僕の経験ベースで作った本です。

僕は麻雀が好きで、いまも仲間内でよく卓を囲むんですが、途中、長らく打っていない時期があったんです。けれども、ある時にたまたま麻雀に誘われて、久しぶりに雀荘に足を運んだところ、かつて自分が打っていた昭和の麻雀とはまったく違っていることに驚いて。

「純黒ピン東メンバーが教える
フリー麻雀で食う超実践打法」
（著・雀ゴロK／2015年6月／彩図社）

とにかく手が早い。仕掛けも早いし、リーチをかける時も、手替わりを待ったりせず、愚形でもどんどんリーチをかけてくる。速度や攻撃性が上がっていることにビックリして、面白いなって思って、以来、久しぶりに麻雀に復帰することになったんです。

またよく打つようになったら、最新のトレンドが知りたくなるじゃないですか。わからないから。だから新型の麻雀の本を探してみたところ、僕と同じ昭和の感覚のプロが書いた本しかない。

「この本に書いてあるやり方では、街中のフリー雀荘では絶対に勝てない」って考えて、どうするといいのかネットで調べていったら、雀ゴロKさんって人が書いている、速度に特化した街場のフリーでの打ち方のブログがあったんです。専門性が高くて面白かったし、そこに書いてあることを実践したら成績があがった。これは今の現場で打つには合ってると確信しました。

無名の人が麻雀の本を書くなんて、普通はないことだと思うんですけど、でも絶対にこの企画は正しいと思ってすぐにコンタクトをとり、本を書いてもらいました。

雀ゴロKさんを著者にした麻雀本はこの本が1万5000部、二作目の『フリー麻雀で食う 上級雀ゴロゼミ』（2016年7月）は1万部。その後に『フリー麻雀でもネット麻雀でも使える 現代麻雀最新セオリー』（2017年11月）、『超実践 麻雀「何切る」「何鳴く」ドリル』（2019年1月）と合計4冊作ったけど、すべて重版がかかりました。専門的な実用書としては良い成績を出せたと思います。

企画の秘訣は〈距離〉と〈強弱〉

「面白い」というのは、あくまでも感覚だ。編集者は読者が「面白い」と思うものを探し当てるセンスが必要であることはもちろんだが、一方で「面白い」というものが感覚である以上、「この本を作りたい」との情熱だけで突っ走るのではなく、なんらかの指針を持って立ち止まって熟考をすることで、「売れる本」となる確率はあがる。草下氏が見出したのは〈距離〉と〈強弱〉を掛け合わせる理論だ。

僕が企画を考える場合には〈距離〉と〈強弱〉をベースに考えています。〈距離〉というのはモチーフに対する距離感。例えば、女子プロレスのファンにとっては、誰もが知るようなメジャーな女子プロレスラーとの距離は近い。試合も観に行けるし、本人から物販だって買える。だから本にした場合に、ある程度は売れ行きが見込める。

けれども、同じ女子プロレスラーでも、それがメキシコの選手になると、遠くなります。物理的な距離ではなく、心の距離の話です。距離が遠くなってしまうと本の売れ行きは明確に下がります。

彩図社で権田一馬という後輩がいるのですが、弊社の女子プロレス本はすべて彼が編集しています。彼自身、女子プロレスに造詣が深いこともあって、ファンの勘所をよく押さえていて、『覚悟 ～「天空の逸女」紫雷イオ自伝～』（２０１７年６月　著：紫雷イオ）、『引きこもりでポンコツだった私が女子プロレスのアイコンになるまで』（２０２０年８月　著：岩谷麻優）、『白の聖典』（２０２２年１月　著：中野たむ）など重版のかかるヒット作を出せています。また、岩谷さんの自伝は『家出レスラー』というタイトルになって映画化もされました。

権田の立てる女子プロレス本の企画はファンの心理をうまくつかんでいると思います。

これは裏社会の企画でも同じです。日本の暴力団の裏側っていうと、日本社会からは近いですよね。49万人（２０２４年８月現在）の登録者のいるＹｏｕＴｕｂｅチャンネル『懲役太郎チャンネル』の懲役太郎さんと僕の共著『常識として知っておきたい裏社会』（２０２２年３月）は現在の日本を取り巻く犯罪や裏社会の情報を対談形

右「覚悟 ～『天空の逸女』紫雷イオ自伝～」
（著・紫雷イオ／2017年6月／彩図社）

左「常識として知っておきたい裏社会」
（著・懲役太郎、草下シンヤ／2022年3月／彩図社）

式で解説する本ですが、読者との距離感が近くなるように身近な話題を盛り込みました。紙の本は5刷かかりましたし、電子書籍版も1万部以上の売れ行きになりました。

これが日本における外国人マフィアとなると、ちょっと遠くなる。

小神野真弘さんに書いてもらった『世界最凶都市　ヨハネスブルグ・リポート』（2020年3月）はとても面白い本だったのですが、残念ながら重版はかかりませんでした。それは、ヨハネスブルグの出来事が、我々の問題と隣接していないからだったと思ってます。〈遠い〉んです。けれど〈遠い〉と理解していても『ヨハネスブルグ・リポート』を作ったのは、抜群に面白かったからです。もともと小神野さんは、ジャーナリスト志望でニューヨークの大学に留学していたんです。その大学のカリキュラムで海外の特派員のように現地取材する経験を基にしたレポートですね。

これも一種の都市伝説モノというか、昔の2ちゃんねるではヨハネスブルグのスレッドが立って「リアル『北斗の拳』の世界」とかって噂されていましたけど、実際のところはどうなのかと。けど、日本にある売春島に比べると、ヨハネスブルグはやっぱり遠かったのか、そんなには売れなかった。

それでも『ヨハネスブルグ・リポート』は、すごく出来がいいので作ってよかった。売れないと困るといえば困るんですが、自分が読みたいことや知りたいことを、

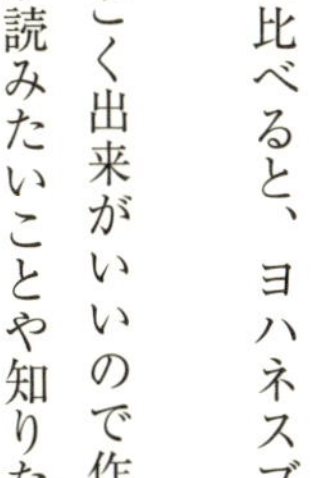

「世界最凶都市
ヨハネスブルグ・リポート」
（著・小神野真弘／2020年3月／彩図社）

誰か信頼できる人が書いてくれるって非常に大事なので。

きちんと取材して、いい原稿を書いてくれたことに関して、売ることで恩返ししたいけれども、必ずしもそうはいかないこともある。本が売れなかったことで、著者を悪く思う編集者っていないんじゃないですか。

つまり〈距離〉とは身近であるということ。対して〈強弱〉とは強い企画であることを指す。この掛け合わせを意識することが、ヒットする企画を作る秘訣だ。が、ヒットは時の運もある。たとえヒットにならずとも「面白い」という本を世の中に出せれば、それは作った意義があるというのもまた、草下氏の理念だ。

ヒットする本に関していうと〈距離〉も大切ですが〈強弱〉も重要です。遠くなればなるほど魅力が遠ざかるなかで、〈強弱〉が作用してくるんです。

すごく有名なタレントさんの本を作るっていっても、薄っぺらいエッセイだったり、つまらない浅い情報しかなかったら、ネタとして〈弱い〉。ファンにとっては距離は近いけど、弱いから売れない。逆に、これまで語られてこなかったようなすごいことが書いてあれば強いから売れる。フォトブックみたいな、ファンが「絶対に欲しい」っていう本も〈強い〉企画です。

遠いけれども強かったので売れた本といえば、『雑草で酔う ～人よりストレスたまりがちな僕が研究した究極のストレス解消法～』（２０１９年10月　著：青井硝子）です。雑草を吸う人なんて聞いたことないですよね。ドラッグ本としてもサブカル本としても遠い。でも、企画も著者ご本人もめちゃくちゃ面白かったんです。

青井さんは同人誌を作っていたんですが、クオリティも高く、文章も素晴らしかった。何よりも企画の角度がいいなって。若干スピリチュアルが入ってるところもあるんですけど、論理的に説明してくれているので抵抗感は少ない。正直、売れるかどうかはまったく未知数ではあったけれど、ネタとしてすごく強い。遠くなればなるほど魅力が遠ざかるなかで、〈強弱〉が作用してくるんです。『雑草で酔う』はしっかり2万５０００部売れました。

エッジの利いた企画ゆえの配慮

裏社会や犯罪、ドラッグなどをテーマとして扱うことの多い草下氏。ゆえに通常の本作りにはない特別な配慮が、必要になることもある。が、慎重を期して配慮をし過ぎると刺激が弱くなり、せっかくの本の魅力が薄まってしまうことになる。草下氏の

「雑草で酔う ～人よりストレスたまりがちな僕が研究した究極のストレス解消法～」
（著・青井硝子／2019年10月／彩図社）

その案配やいかに。

『雑草で酔う ～人よりストレスたまりがちな僕が研究した究極のストレス解消法～』を作るにあたっては、最強の幻覚剤とも呼ばれる、ペルーの先住民たちが宗教的儀式で使用してきた植物「アヤワスカ」など、明らかに危険性の高いものに関しては、僕も入念に調べました。

危険性のあるものを読者に薦めるわけではなく、本人が試したものをレポートとして発表することは、表現の自由で許されているから、本として出すのはいいというのが僕の判断です。けれども、その本の中で紹介されているものが、どれくらい危険なのか、危険であれば読者を危険な目に遭わせないために、簡単には実践できないよう上手にチューニングするのは編集者の役割です。そのためには、どれだけのものなのかの危険性を知っておかないといけない。読者が試して大変なことになったらよくないし、危険なものを薦めるのは、道義的にも法的にも問題です。だから実際に調べてみて、「これは危険性あるな」って判断になったので、本を読んだだけでは、できないように編集しました。

著者が逮捕されたり（編註・青井硝子氏は、本書の出版後に、アヤワスカから幻覚物質のＤＭＴを抽出しお茶として販売した罪で逮捕されている）、一審の判決が出た後に注釈を変えたりとバージョンアップしているので、最新の刷りのものはより、読んだだけでは試せないようになっています。

『サドゥ—小さなシヴァたち』（2008年1月　著：柴田徹之）は、インドに17年くらい通い続けて写真を撮っているカメラマンの柴田さんの写真集です。被写体はサドゥといわれる放浪修行者たち。これはペニスの写真をそのまま載せているんです。サドゥはヒンズー教の聖者なので、そのペニスにモザイクをかけるのはちょっと変です。決して卑猥なものではないので。そもそも性器を隠すのは、あくまでも自主規制。なにかあったら考えればいいやと思って、そのまま出しました。税込1980円と、決して安くはない本ですが、3000部、完売しました。

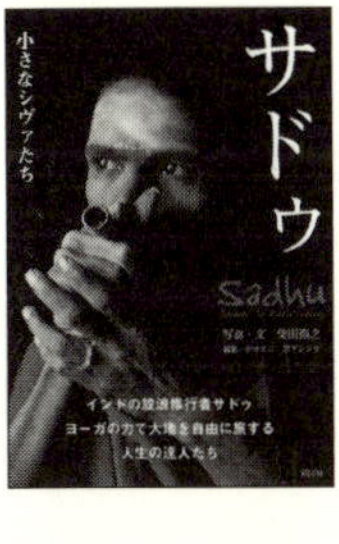

「サドゥ—小さなシヴァたち」
（写真＋文・柴田徹之、
編集＋デザイン・草下シンヤ／2008年1月／彩図社）

二章

著者との付き合い方

書物を書き著した人のことを「著者」と呼ぶ。プロの作家やジャーナリスト、ライターなど出版にある程度通じている人の場合もあれば、なにか専門的な事柄に詳しい人、独自の情報を持っている人を著者として立てる場合もある。編集者と著者とは、役割分担をして本作りに関わる。編集者の役割は、ディレクションや予算管理といった、この本の中で紹介している作業であり、一方で著者の役割は、自らの持つ情報やストーリーを原稿に落とし込むことだ。

出版業界は広いようで狭いので、かねてから互いに知っている相手と本作りすることも多々あるが、アイディアに合わせた著者を探して、相手に企画を提案することもある。「この人の本を作りたい」と思った場合は、見知らぬ相手であってもアポを取って会いにいくことになる。本章では、草下氏の著者との付き合い方について紹介していく。

著者と会う

まず「本を出す」ということへの同意を相手から取ることになる。当然ながら、相手の心を摑まないと同意は得られない。だから実はこれは、編集者にとってかなり重要かつ難しい仕事だ。ゆえに「著者を口説く」などと表現をしたりもする。草下氏の場合は、著者がアウトローであったり裏社会に近しい人であったりと、一筋縄ではいかない相手の場合も多いので、いっそう苦労が多そうだが……。

初回の打ち合わせで大切なのは、面白い本を一緒に作れそうな気持ちになること。「楽しそうだな」とか「売れそうだな」とか「意義があるな」とか、ポジティブなマインドになったら、その仕事を前向きにやる気になるじゃないですか。だから、最初の打ち合わせでは、提案する企画の面白いポイントをしっかり説明できるようにしておきます。相手にもしっかり「こういうふうにしたら面白いと思う」という意見を言ってもらう。その摺り合わせが大切です。

もともと知っている書き手であれば、連絡先もわかっているし声を掛けやすい。が、まったく面識のない相手を著者として立てたい場合は、まずコンタクトを取ることになる。公開していればメールアドレス、もしくはSNSのダイレクトメールなどが主流だ。失礼な文体は論外として、どこに気を付けるべきなのだろうか。

その著者の魅力がわかっていれば「あなたと本を作りたいです」と、オファーするのはありです。

僕の場合は、最初のコンタクトがメールの場合は、短文で率直に書きます。僕は性格がさっぱりしているほうなので、やりとりはそっけないのが基本です。

それなのに最初だけ長文で熱意を込めてしまうと、僕にその気はなくとも、著者からしたらハシゴを外された気分というか、「最初の熱意は嘘だったのか」という気持ちにさせてしまうじゃないですか。そういうことのないように、最初から等身大で振る舞います。

諸々の条件については、最初から提示したほうがよさそうな人の場合はコンタクトのタイミングでしっかり伝えますし、とにかく情報の密度が濃い文章にして、情緒に流されないような依頼にします。

必ずしも誰もがメールアドレスを公開しているわけではないし、ＳＮＳをやっているとも限らない。その場合、相手の連絡先を調べるのは、けっこう難しい。また、公開しているアドレスにメールをしても、なしのつぶてということもある。そういう時はどうやって進めていけばいいのだろうか。

連絡先を知っている人を見つけて、繋いでもらうパターンもあると思いますが、僕の場合はそこまではしないことが多いです。基本的に人に頼み事はしないので。他人に借りを作らないに越したことはない。

そもそも、僕はそこまでして、知らない人と本を作りたいと思わないのかもしれません。仕事のためだけに人と出会うっていうのは嫌なんです。

だったら時が来るのを待ちますね。ちょっと変な言い方かもしれませんが、日本って狭いんですよ。自分が興味を持っていて、会ったら面白そうな人って、なんだかんだ界隈が近くて、知り合いの知り合いだったりする。いつか会えるので、そこはガツガツしません。


せっかく思いついた企画が、著者と連絡が取れないことで断念せざるを得ないのは少し残念な気もするが、そもそも返信がないということは、乗り気でない可能性もある。スムーズに仕事を進めることを考えると、早めに気持ちを切り替えるのもひとつの手だ。さて、上手くアポ取りができたとして、次は実際に対面することになる。


著者と初めて会う時には、編集部に来てもらうこともありますし、先方の指定する場所に伺うこともあります。僕はホームとかアウェイとかは気にしないタイプなので。

著者によっては、どんな編集部なのか見たいという人もいるし、信頼感を得てもらうためにも、こちらにしてもできれば編集部に来てもらえるほうがいいですね。

僕のほうから伺う場合は、著者の普段の生活の雰囲気がわかるというメリットがあります。だいたい30分前には、待ち合わせ場所の最寄り駅に着いて、あたりをプラプラと散歩します。知らない街を歩くのが楽しいというのもあるし、リラックスもできます。それに、街の雰囲気を見ておくと、著者に会った時に「ちょっと早く着いてあたりを見て回ってたんですけど、あのお店ってどういうお店なんですか?」とか「この街って北口と南口、どう違うんですか?」とかって話題の引き出しになるのでオススメです。長い仕事の付き合いになるので、著者の住んでいる街を知っておいて、話題を転がせるくらいのほうが、いい関係になります。

著者と話をして、本を作ることになったら、お礼と一緒に、その日に打ち合わせた内容を整理して、メールやLINEで送っておくというプロセスをやるようにしています。以前、印税率による食い違いが起こったことがあるからなんですが、お互いに決めたことを共有しておけば、問題は起きなくなります。

印税などの諸条件に関しては少なくとも初回の打ち合わせ時には話すようにします。特にお金の話題は著者からは切り出しにくいので、こちらから提示しています。たまにいつまでも条件を言わない編集者もいますが、著者に気を揉ませるのは良くないと思っています。

本作りが始まると、著者と二人三脚で刊行を目指すことになる。ならば、良好な関係を築くに越したことはないし、最初の印象は意外と後を引く。だからこそ、初回の打ち合わせは大切だ。たとえ本作りの最中に意見が食い違うことがあっても、信頼関係があれば険悪にもなりづらい。本が売れたら「また一緒に仕事をしよう」という話にもなる。著者とのいい関係を作るのが本作りの一歩目なのだ。

知り合いと仕事をする場合の心構え

危ない交友関係が多いのが草下氏の特徴ではあるが、それだけではない。アンダーグラウンドのみならず、オーバーグラウンドともに草下氏はとにかく顔が広い。ゆえにもともとの知人や友人関係にある人と仕事をすることもたびたび。親しき仲にも礼儀ありではないが、知人や友人を著者に立てるからこそ、気を付けなくてはならないこともある。なんらかの原因で揉めてしまい、企画が頓挫してしまった上に、友情まで失くしてしまっては、目も当てられない。「友達とは仕事をしないほうがいい」という風潮もある。友情を保ちつつ、一緒に仕事をするコツとはいったい？

『悪党の詩』（2019年9月）の著者で、ヒップホップグループ『練マザファッカー』の元リーダーでもあるD.Oとは、本を出す前から親しい関係にありました。

共通の知人に紹介されて知り合ったんですが、僕はもともとD.Oの曲を好きで聴いていたし、D.Oも僕の本を読んでくれていた。同じ年ってこともあってすぐに意気投合して一緒に遊んだりしていた。友達として楽しいし、アーティストとして抜群にカッコいいけど、その段階では本を作ろうとかそういうことは考えていませんでした。

けど会っているうちに、D.Oの魅力的な生き方や考え方を、世間に伝えたいなって思うようになった。それで企画を持ちかけました。出会ってから4、5年は経っていたと思います。D.Oのほうも僕のことを信用してくれていたから「シンちゃんとだったら、作りたい」って言ってくれた。これは人間関係の信頼性が作った企画ですね。

D.Oがどんな幼少期を送ってきたのかって気になりますよね。コカインや大麻での二度の逮捕の件もあるし、それ以外のいろんな事件やトラブルを乗り越えてきている。強烈なカリスマ性は、どうやって生きてきたことで身に着いたのか。僕としては興味があるし、気になるから聞きたい。けど、いくら仲がいいといっても、あまりセンシティブな話までは聞けないですよね。本を作れば聞けるし、世の中に届けることもできる。

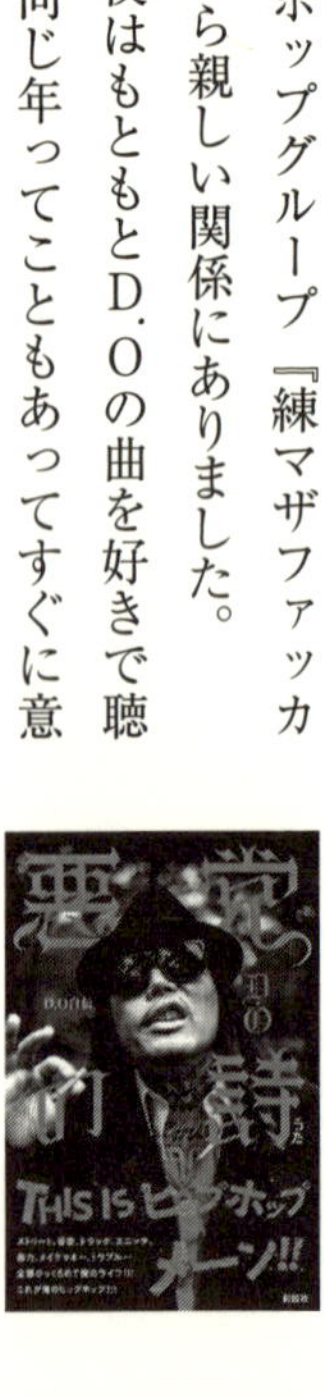

「悪党の詩」
（著・D.O／2019年9月／彩図社）

知り合いと仕事をするからこそ、自分には厳しく、しっかり仕事をします。自分がしっかり仕事をすると、相手もしっかり仕事をしてくれる。でも、自分が甘えちゃうと、相手も甘えてしまう。

D.Oはクリエイティブチェックに関して本当に熱心で厳密、仲間からは「クリエイティブ・マフィア」と呼ばれているほどでした。そのため、周りの人から「草下さん、大丈夫かなと思った」と心配されましたが、僕としてはそんなD.Oと本気で仕事ができて楽しかったですね。

やっぱり本を作る以上、クオリティが大切です。良いものにしないと、せっかく信頼して本の編集を任せてくれた友達の顔に、泥を塗ることになるわけで。売れなかったりつまらないものにするわけにはいかない。

もちろん時には衝突することもありますよ。その時にしっかり意見を言うのは、僕たちは決して敵対しているわけではないということ。読者に満足してもらうための味方として意見しているのだから、互いの考えやアイディアを出し合って、もしもすれ違うことがあったら、そこは話し合いで折り合いをつけながらやっていこうということです。

くりかえすが、親しい知り合いと仕事をするということはリスクを伴う。そのリス

クを背負ってまでも、面白いと思った企画には果敢に挑むのが草下氏の姿勢でもある。

原稿をもらったら

よくない編集者がやりがちなのが、著者から原稿を受け取ったにもかかわらず、受け取った旨の連絡を入れないこと。無事に届いているのか、はたまた原稿の出来が想像と違っていて困っているのかと、著者を不安にさせることもあれば、失礼だと怒らせてしまうこともある。

僕は原稿を受け取ったら、絶対にすぐに受領したと連絡しますし、なるべく早く読みます。相手の時間を奪うのはよくない。待たせる編集者は嫌いです。

原稿が届いているかわからないのは著者を不安にさせるし、提出した原稿の評価を待つ間ってモヤモヤするじゃないですか。「満足いくクオリティに達してるかな」とか「修正多かったら、スケジュールどうしようかな」って。だから僕は時間がない時でも、なるべくざっとでも読んで、まずは率直な感想を伝えつつ「精読して、またお返事します」といったふうに、著者をひとまず安心させます。

届いたＬＩＮＥもすぐに既読にしますね。相手の気持ちを考えた場合、どうなってるかわからないのって嫌だと思うんです。ただ忙しくて返せてないだけでも、送ったほうからすると、いろいろ考えちゃうじゃないですか。すぐにちゃんとした返事を戻せない時は「申し訳ないですがいま立て込んでいまして、後ほど連絡します」ってことだけは伝えます。とにかく相手をやきもきさせるのが嫌なんです。

すぐにレスポンスがくると「尊重されている」「大事にされている」という実感を覚える。そういう丁寧な対応が、著者との信頼関係を深めていくことになる。「仕事ができる編集者」と著者に思ってもらえるよう、返信は早くするに越したことはない。

原稿への対応

著者によって原稿の進め方は様々だ。しかし、ペースややり方をすっかり任せてしまうと、後から困ったことやトラブルに発展する場合もある。締め切りや原稿のクオリティを管理し、スムーズに刊行まで辿り着くためには、進行管理が必要となる。が、一方であまり急かすと、それはそれで著者へのプレッシャーともなり、関係が悪化してしまう。スムーズに原稿をもらうことは意外と大変だ。

原稿をやり取りするのに、一番大切なのは締め切りを決めることです。締め切りがあることで、「どうなってますか?」と連絡する口実になるんですよね。締め切りを落とす著者も多いので。

本は著作権という意味においては、著者のものです。けど「いいものを作ってたくさん売る」ということが、著者と編集者の共通のゴールだとしても、著者はやはり原稿への思い入れが強くなるし、そこで客観性がなくなっていけばなくなっていくほど、読者へのチューニングや市場へ合わせることができなくなっていくんです。

なので、ビジネスとして成功させるためには、編集者の決定権を一定量は残しておかなくてはならない。そのためにも締め切りを遅れるくらいのほうが、著者に負い目を持たせられるという点では都合いい……とまでは言いませんが、結果的にそういう形になることもあります。

だから締め切りを作らずに放置することは、お互いの関係性が築けないってことだし、ダラダラしたままだと何も始まらない。締め切りさえ決めていれば、こちらから連絡しやすいし、なんらかの理由で落としてしまったというなら、また話すこともできますよね。

期待と違う原稿があがってきたら？

著者が原稿を書き進めるうちに、もともとの企画内容と大きく違ってきたり、編集意図から外れてしまう場合もある。もちろん企画の段階で、お互いに内容に同意しているのだから、軌道修正をするのが本来の筋かもしれないが、著者には著者の意向があるぶん、頭ごなしに修正を要求するのは悪手になる場合もある。著者と内容を巡って対立するのを避けるのも編集者のテクニックだ。

一読してよくないと感じたとしても、まずは著者の書いてきた原稿で成立する道はないかを考えます。それはいいアイディアかもしれないし、出来あがった本が読者に面白いと思ってもらえて、売れればいいわけです。そう考えると自分に出ないアイディアが出ているという状況は、すごく可能性があること。だからまずそれで行く道筋はないかを探します。

「こういうところが、デメリットになりそうだな」とか「興味がズレていっちゃいそうだから、読者がここで読まなくなってしまいそうだな」とか「出だしがつまらないから修正したい」という話をして、著者のアイディアをベースにどうやったらチューニングできるかを考えていくと、その本に対する理解も深まっていく。

編集者は著者の味方でいないといけないんです。編集者が著者の敵になると、関係が壊れてしまう。だから最大限に著者の意向を汲むけれども、たくさんの人に読んでもらって、結果的にたくさんの利益が出るという、同じプロジェクトに向かってるんだっていう大前提を忘れずに、粘り強く話をすることも大切だと思います。よくないのは相手が納得していないのに、言いくるめること。後々、揉めることになる。

だから人によっては、対面や電話じゃなくて、メールやＬＩＮＥなどの文面でゆっくりやり取りすることもあります。返事を急かすことなく、「いまの僕の気持ちはこうだけど、ゆっくり考えてから連絡ください」と投げかける場合もあります。どっちにしても、こちらの思い通りにしようっていうのは、ダメだと思います。

著者の文章を構成し直す

著者は必ずしも文章のプロというわけではない。それでも著者本人の書きたいという意向を汲んで執筆してもらったところ、あがってきた原稿が「書き直すしかない」というクオリティの場合もある。著者として起用したのは自分なのだから、責任を持って編集者自身が書き直すという手もあるが、時間も手間も余計に取られることにな

ってしまう。かといって、一定水準以上のクオリティに達していない本が売れるわけはない。

「リライト確定！」ってことはよくあります。そういう場合、以前は「全部、僕が直せばいいや」って思ってたんですけど、ある時に著者のためにならないことに気が付きました。だからいまは、なるべく丁寧に修正指示の赤字を入れて戻すことにしています。継続的に仕事をしていくことになったら、著者自身が成長してくれたほうが、結局、編集者も楽ですから。

日本語の良し悪しは、直せばいいだけで些末なことなんです。文芸作品を作るわけではないので、ワード二枚分くらいリライトした原稿を送って「ちょっとこういう感じで直せるか、やってください」とチューニングの方法を伝えます。

むしろ大切なのは構成ですね。漫才のネタみたいなものなんで、オチが弱いとか、ボケきれてないとか、展開がぐずぐずだとか。物語の論法的に「ここで読者はこう思うだろうから、少し広げてあげよう」とか「この部分がもう少し読みたいはずだから、書いてもらって」とかをやりとりすることになる。

原稿を一気に全部送ってくる人、週に一度や二週に一度などペースを決めて分割して送ってくる人など、原稿提出の仕方は、著者の執筆スタイルによって変わってくるので、どういう形で提出してもらうかは基本的にはお任せしています。が、できれば週一くらいのペースで、原稿用紙でいったら5枚から10枚くらいのテキストをもらって、それをひとつひとつ整理して完結させていくという方法で進めていくと、全体の構成力があがります。

どう構成を変えるか、章を組み直すかは、編集者の技量が試されるところです。どのエピソードをどこに配置するかで、面白さはまったく変わってきます。

僕のやり方は、プリントアウトした原稿をまずエピソード単位でわけて、それぞれをホチキスで留めます。そして、5段階で各エピソードに点数をつけていきます。どの章に割り当てるかを、パズルのように組み換えるんですが、章の頭三つくらいは点数の高い面白い原稿を配置して、後ろ二つはまた面白い原稿を配置する。真ん中あたりのあまり面白くない原稿の後には、また面白い原稿を配置して、全体的な流れを崩さないようにします。つまらない印象づけを避けることを、心掛けますね。

構成を変えることで、より魅力的な本へとブラッシュアップさせる。草下氏の手掛けた本を例に出して紹介する。

『腸よさらば　潰瘍性大腸炎の発症から10年、大腸摘出して人工肛門になったけど閉鎖手術を経て自分の肛門に戻った話』（2023年7月　著：大井ヨシカズ）は、故安倍元首相が患っていたことで知られている難病の潰瘍性大腸炎になった大井さんが、大腸を全摘出して、その後ストーマ（人工肛門）になった闘病記です。価格は1980円と高単価で、少部数。当事者や身近に同じ病気の人がいて、知識や経験談が必要な人だけ読めばいいという本なんですが、大井さんは結婚していて、お子さんもふたりいるんです。

最初は、著者だけの原稿で構成していたのですが、作り上げていく過程で、奥さん側の目線も入ったほうが面白いのではないかと著者から提案がありました。闘病ってその家の問題なので、潰瘍性大腸炎患者の当人だけではなく、家族も読む本だって考えた場合に、補足するものとして「この時に奥さんはどう思ってたのか」といった家族側の視点を入れたほうが立体的になる。合間に奥さんのコラムを入れる構成にしたら、ぐっといい本になったんです。

本がどうやったら面白くなるかって考えた時に、重層的というか多面的というか、もうひとつの観点が入るとより厚みが出て面白くなります。大井さんの本の中で、奥さんのコラムの割合は、分量にしたらほんの3パーセントくらい。けれど、それが間に入ることで、すごくいい本になった。だから、本全体の構成や章の中の構成は常に

「腸よさらば　潰瘍性大腸炎の発症から10年、
大腸摘出して人工肛門になったけど
閉鎖手術を経て自分の肛門に戻った話」
（著・大井ヨシカズ／2023年7月／彩図社）

考え続けて、もっと面白くなる方法を模索し続けたほうがいいです。

面白くするためには、思考を停止させず、手間を厭わないというのが草下氏の姿勢だ。しかし、当たり前のことだが、面白い本を作るには、何が面白いのかがわかっていないと、作ることはできない。しかし、ネタや独自の情報を持ってはいるものの、それの活かし方がわからない著者もいる。

原稿がつまらない本は、やっぱり売れません。なので、書きなれていない人には、面白い原稿の書き方を伝えます。まずは書き出し。書き出しが面白ければ、だいたいが面白くなる。

具体的な手法としては、結論から書いて興味を引くパターンや、いきなり人が暴れているような状況のインパクトのあるシーンから始めるパターン、セリフから始めるやり方もあります。構成は組み合わせなので、もらった原稿の書き出しが面白くないなって思ったら、「この部分から書き出してみてください」と提案します。

オチについてもいろんなパターンがあります。余韻を残すパターンもあれば、パツッと切ってしまうパターンもある。捻って面白くする場合もあるし、逆にドライな現実を見せる場合もあると思うので、書き出しとオチのパターンをいくつか伝授して、売り物としての原稿の質を上げます。

原稿の直しについて、なかなか納得してくれない人もいます。その場合は、きちんと説明をすることですよね。直しを納得してもらうのは、著者との信頼関係が大切なんです。だから「好きに直していい」という人以外の原稿を、勝手に直すことは絶対にしません。

刊行される本は著者のものなので、著作権という意味においては、著者の責任になりますが、編集が鉛筆（＝修正）を入れるのに一言一句「ここをこうしたらいいですか」と確認が必要な著者もいれば、全部こっちに直しを任せて、ほとんど確認もしない著者もいる。著者自身の性格もあるので、しっかりと見てあげないといけないですね。

本当は直されるのが嫌なのに、それが言い出せなくて最後になって爆発する人もいますから。そういうケースで頭を抱えたこともありました。

だから、編集者の仕事としては、やっぱり引き返せるくらいの仕事の幅で進めたほうがいいと思います。一気にやってしまうと、ミスマッチが起きることがある。話が流れちゃうことは珍しくないし、引き揚げられた原稿が、その後に他社から出ることだってありますよ。そういう時は忘れるしかないです。あまりガチガチになっても仕方がない。固執せずにさっぱり割り切って、もっといい本を作るぞって気持ちで、次に行くのも大事じゃないですかね。

出版に携わる人に限らず、初見の相手とパートナーを組んで仕事をする人は、一度や二度は「嫌な予感」を抱いたことがあるのではないだろうか。相手の物言いだったり、ちょっとした考え方の差異がどこか引っ掛かり、仕事へのモチベーションが落ちる。時には「いっそこの仕事から降りてしまおうか」と考えるくらいのストレスになる場合も。草下氏はどう対処するのか。

本作りって、人と人とが表現を巡って仕事をするわけで、上手くいかないこともあって当然です。でもそこには理由もある。なにか悪い予感がしたら、僕はそれが何なのかを分析します。

例えば、こっちが言ったことと全然違うことが返ってきたとして、話を聞かないタイプの著者かもしれないし、こちらの指摘に反発している可能性もある。どちらなのかを見定めた上で、前者の話を聞いていない著者だったとしたらわかってもらうためにはどういう話し方をすればいいのかなと考えますし、こちらとの折り合いが悪くて感情的に反発しているならば、きちんと向き合うようにします。

複数の修正依頼をすると混乱してしまう著者も多いので、そういう場合は必ず一回の指示はひとつにして進める。逆に物わかりのいい著者だったら、細かいことを長々と話すのではなく、楽しい話題などを振ってモチベーションを上げることを優先したりもする。著者のコミュニケーションのクセがわかれば、こっちが対応できることも多い。そうやって嫌な予感を潰していくようにします。

書けない著者への対応

たとえ文章をあまり書きなれていなくても「せっかく本を出すのだから、ぜひ自分で書いてみたい」と著者自身が願うこともあって当然だろう。編集者としても、新しい作家を生み出すことは、喜びのひとつでもある。しかし、実際に執筆に入ってもらっても、まったく筆が進まないこともあれば、そもそも書き出すことすらできない場合も。相手のプライドを傷つけることなく、どう助け船を出せばいいのだろうか。

書く熱意はあるのに、書けない人って一定数いるんです。そういう著者の場合は、ひたすら待ちますね。「僕には、書く能力がない」と身に染みる段階まで優しく見守ります。そのまま半年とか一年して何も書けないでいると、やっぱり諦めてくるんです。

没交渉になると企画が止まってしまうので「どうですか？」みたいな感じで連絡を

取って、「やっぱり本業が忙しいから、なかなか書けないですよね。じゃあ、こちらで文章の人を用意しますから」というふうに持っていきます。「自分で書きたい」という熱意がなくなった頃にすっとバトンを渡してもらえるように対処します。

なかなか原稿があがってこなくて、出版時期がずれるなんて当たり前のこと。『魔術の麻雀』（２０２１年12月　著：園田賢）は３年かかりましたし、何年も原稿を待ち続けている本もいくつかあります。

発売時期が売り上げに大きく関わってくるような企画もありますし、ビジネスの観点から作るものもあるけど、そうではなく「この人の才能はすごいな」って惚れて作るような本は、著者が自身のフィールドでがんばって活躍しているんだったら、時期は関係ない。出版できればいいし、結果的にそれが一番いいタイミングだっていう考えです。

実際に『地元最高！』（２０２２年８月　著：ｕｓａｇｉ）の１巻は、発売時期が遅れました。

もともと著者のｕｓａｇｉさんとはＸで知り合って、年齢差はあるもののヒップホップが好きという共通点があって親しくなりました。最初に一緒にした仕事は、僕が

「麻雀のネクストレベルの扉を開く　魔術の麻雀」
（著・園田賢／2021年12月／彩図社）

書いた『半グレ』（２０１２年9月、講談社刊。文庫版は２０２０年3月、彩図社刊）という小説の文庫版のカバーを描いてもらったことですね。その後に、Ｄ．Ｏが刑務所の中で更新していたｎｏｔｅのイラストも描いてもらっています。もともとすごく才能のある作家さんですが、ｕｓａｇｉさんがネット上に発表した女子高生が主人公の漫画がバズっているのを見て「いつか一緒に本を出しましょうね」って話してたんです。

その後にｕｓａｇｉさんはキラキラ系の日常漫画とは正反対の、田舎の女の子たちの日常を描いた『地元最高！』の連載をスタートさせたんです。「一緒に本を出そう」って話をしていたから、ｕｓａｇｉさんはこれをそのまま僕が本にしてくれるって思っていたらしいんですが、単行本化するには、この先の展開がどうなるかわかりかねていたし、ストーリーも強化しないといけないなと。なので6話から僕がネーム（コマ割り、構図、セリフ、キャラクターの配置などをおおまかに表した下描きの下描き）を見ることにしました。

そこからｕｓａｇｉさんはますます力をつけていき、『地元最高！』もどんどん人気が出ていって、単行本化する運びになったわけです。シャネルちゃんや紅麗亜さん、こはるさん、奈良さんなどの魅力的なキャラクターを作れるのはすごい才能です。

右「地元最高！」1巻
（著・usagi／2022年8月／彩図社）

左「半グレ」文庫版
（著・草下シンヤ／2020年3月／彩図社）

ようやくのこと、一緒に本を出すという約束が叶う……と思っていたところ『地元最高！』の1巻を出す時期と、ネット上の連載の佳境が被ってしまったんです。のちに2巻に収録されるクライマックスを描くタイミングと、1巻の単行本の作業が重なってしまった。usag.iさんは、単行本の作業自体が初めてでまったく慣れていない上に、描き下ろしの漫画を入れようってことになったりもして、ぐっと作業量が増えたことに加えて、プライベートでの問題まで重なって、もうぐちゃぐちゃになってしまった。

usag.iさん自身は、なんとか間に合わせようって頑張っていたんですが、編集者の僕が作業量を見誤っていました。後日、僕のところに切羽詰まった様子で電話がかかってきて、「僕、狂っちゃいました！」と言われてしまいました。申し訳ないことをしたと思いつつ、僕も作家をしているので「そういう気持ちはわかります」って話をして落ち着いてもらって、『地元最高！』の1巻の発売日を一ヶ月遅らせました。

連載のクライマックスと合わせて1巻を出す予定だったのが、時期がずれてしまうことになり、売り上げにちょっとは影響もあったと思うんだけど、そんなことをいっても仕方がない。人に無理をさせるのはいいことではないので。それに『地元最高！』

は順調にファンを増やしていって２０２４年の8月には六巻が発売になりました。

１巻は電子版と合わせて4万部くらい、シリーズでは累計で20万部くらいまで数字は伸びています。メディア化の可能性もある作品なので、このまま続けていって１００万部には届かせたい。というのも僕は編集者として１００万部を超える本を作ったことがないんです。なので、ｕｓａｇｉさんの『地元最高！』でミリオンを出せたら嬉しいですね。

取材について

本の内容によっては取材が必要な場合もある。著者に任せるケースもあれば、編集者として同行することも。草下氏の企画は、取材対象者や取材先がアンダーグラウンドであることも少なくない。相手の機嫌を損ねてしまったり、潜入取材がバレてしまったりと、危険な目に遭うこともあり得る。アンダーグラウンド系とは無縁の編集者やライターであっても、時には少々、緊張する相手が取材対象となることはある。

ゴーストライターの人と仕事をする時、初回の取材は必ず同行します。

しっかり様子を見て、終わった後に著者とライターさんにしっかりと話を聞いて、懸念点がないかなど摺り合わせをします。ライターさんもプロなので、お目付け役みたいになってもよくないんですが、自分が同席したほうがうまく回る場というのもある。その場合は参加しますし、私が不要とわかれば「後はお任せします」と次回からはライターさんに行ってもらいます。

「どんな相手であっても約束は守ること」、それと同時に「守れない約束はしない」ということが、一番大切です。あとは誰にでも丁寧に接することぐらいで、気にしすぎもよくありません。取材相手が裏社会とか一般の人とかは関係なく、人によって態度を変えるのもよくないです。なので僕は、連絡を返す順番とかも気にせずに来た順です。緊急の案件は別ですが、相手の属性では順序をつけません。誰であっても特別扱いをしないってことを意識しています。

やり取りをするなかで凄んできた人、絡んできた人もいましたが「なんでだろう」って感じで相手にはしません。必要なことがあれば対応しますが、問題じゃないことを問題にされるのが嫌なんです。

向こうが問題だと思っていることについて話し合うなかで、怯えを見せたら相手は被せてくるし、怒り返すとヒートアップしてしまう。だから、「どういうことですか？　もうちょっと説明が欲しい」って冷静に向こうの言いたいことを聞き出し続けていると、相手の怒りはだんだんとスポイルされていきます。本当に相手が正しいことを言っているとすれば、きちんと話し合いますが、相手が無茶苦茶なことを言っているだけならば、そのうちに相手は何も言うことができなくなっていきます。こちらは淡々と話していると、相手はもう自分のことが恥ずかしくなりますよね。そこでこちらも攻める意図などありませんから丸く収める。そうすると次からは腹を割った人間の態度になります。

マウントを取りたいとか、態度で威嚇するとか、そういう演出をされると冷めるじゃないですか。威圧することで目的を達成しようとするのって恥ずかしいじゃないですか。僕はそういうことはしたくないです。仮に僕がその人に屈したら、その人はずっと同じことを他人に続ける。それってよくない。だから、相手がどんな態度でこようがきちんと話し合う姿勢を持ち続けたいと思っています。

三章

本の作りを考える

本には共通の仕組みがある。まずは「表紙」があり、その上に表紙に汚れがつくのを防ぐための「カバー」を掛け、本の下部には3分の1程度の幅の「帯」を巻く。カバーにはタイトルや著者名、出版社名が、帯には通常、本の内容の紹介文や、著名人などの推薦文が入る。書店でまず目に入るのが、カバーと帯であり、このディレクションをするのも編集者の仕事のひとつである。

表紙＋カバーは表1、めくったところの裏部分は表2と呼ばれる。背表紙の次が表4でその裏は表3となる。カバーをめくった表2表3の部分＝「そで」と呼ばれるカバーの折り返し部分には、帯よりももう少し詳しく、本の内容紹介が入るか、もしくは著者のプロフィールが入ることが多い。

表紙の表2表3とつながっている形で冊子の耐久性を高めるために少し厚めの紙を使った、表紙と本文とをつなぐ「見返し」と「見返しの遊び」があり、さらにそこをめくると本のタイトルと著者名、出版社名が記された本文の一ページ目「大扉」が現れる。二ページ目以降は「目次」と「はじめに」が来ることが多い。どちらが先かは編集者の判断にゆだねられる。

書店で手に取った人に「買おう」と思ってもらうには、まずはカバーと帯

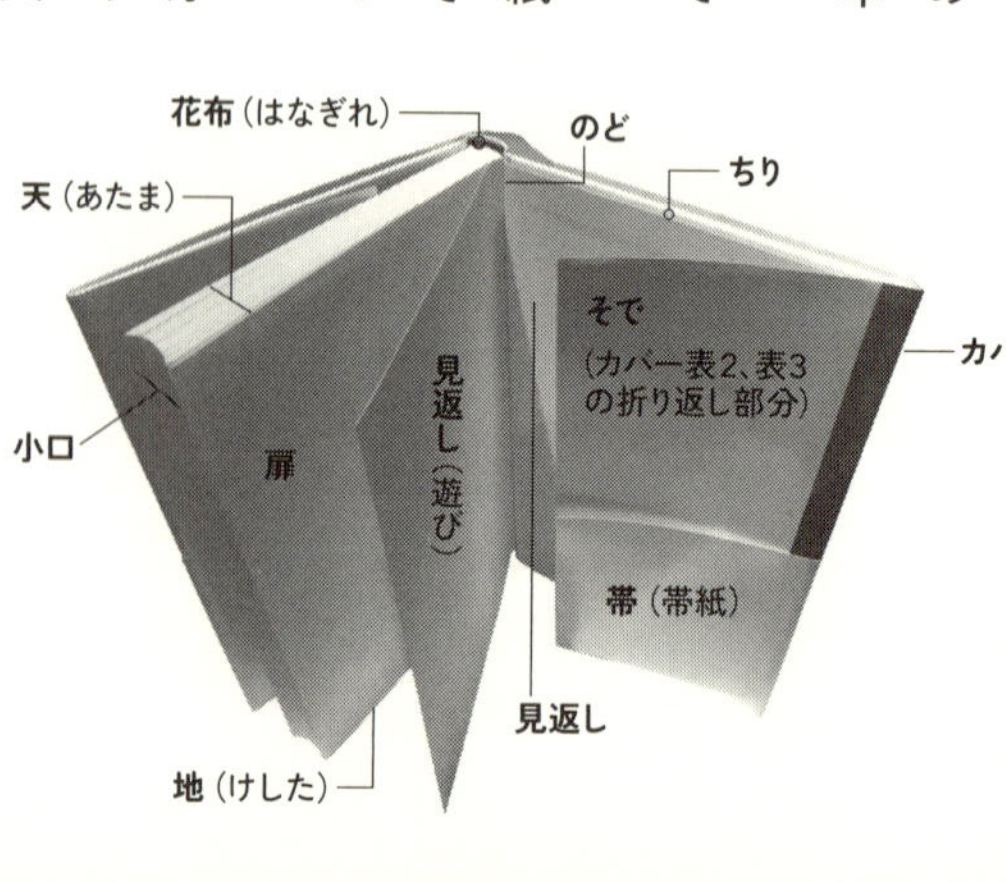

本の各部分の名称

で目を引き、「そで」や「目次」「はじめに」で全力でもって魅力を伝えなくてはならない。いくら本文が購入に値するものであっても、その面白さや素晴らしさが伝わらなければ、買ってはもらえないからだ。草下氏のノウハウを尋ねたところ、衝撃の事実が明らかになった。

表紙もカバーも帯も草下氏自らデザインする

本の顔となるのがカバーと帯。通常では、専門のデザイナーにイメージを伝え、デザイナーからもまたアイディアを貰って固めていく。鈴木成一氏や祖父江慎氏といった、ベストセラーを連発する有名な装丁家が存在するほど、本にとってはデザインの威力は大きい。

草下氏の勤める彩図社は、完全に異端だ。基本的にデザイナーを起用せずに、編集者自らがカバーデザインから組版まで行うからだ。

彩図社の社員は、入社するとまずデザインソフトのAdobeのInDesignとIllustrator、Photoshop、この3つのソフトを学ぶ。出版界の常識を大きく覆していると言わざるを得ないが、草下氏はそこに大きな強みがあるという。

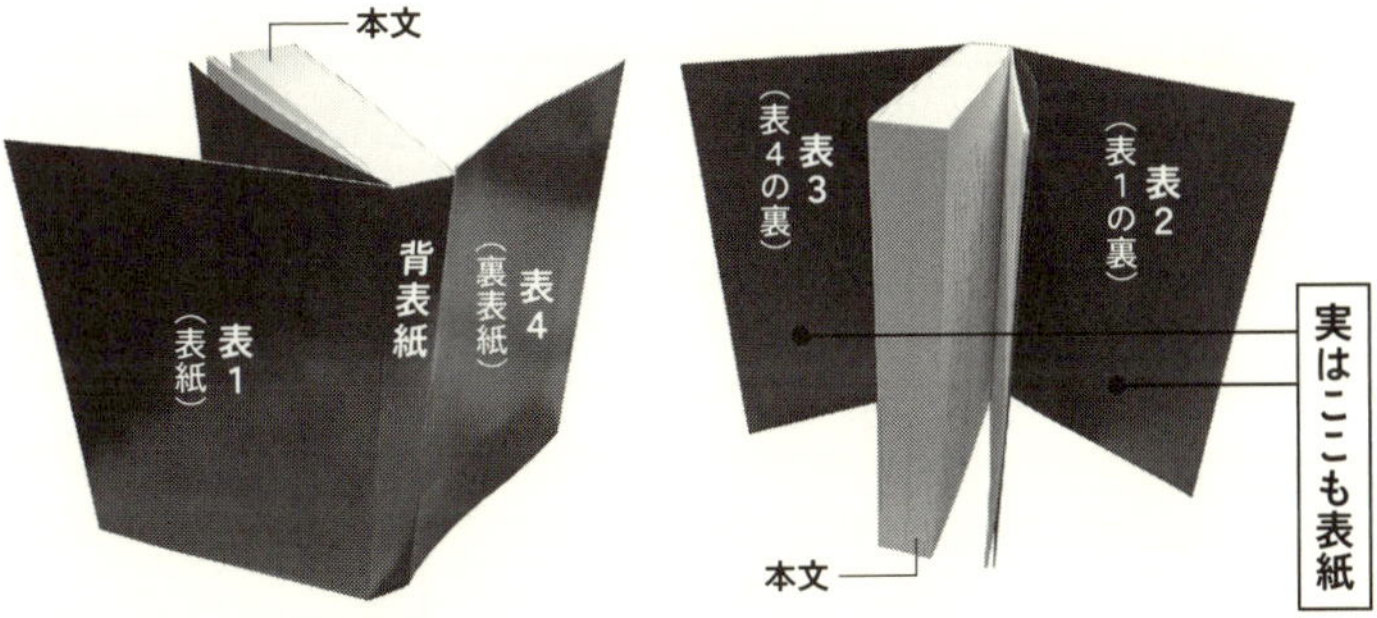

表紙まわりに関しては、「表1、2、3、4」と呼称することが多い

本は商品なので、売るためのデザインが必要です。それをふまえた「表紙まわり」のデザインのコツは、いい写真やイラストをひとつ置いて、タイトルの文字を大きく置くこと。文字には影を付けたり囲んだり、とにかく読みやすいようにします。彩図社ではフォントデザインまではしないことが多くて、ほとんどの本のタイトルのフォントはありものを使っています。

次に基調色を決めます。彩図社の本は、かつては大多数が黒と赤を基調にしていましたし、いまだに僕が作る本はそのカラーリングが多いですね。目立たないと売れないので必然的にそうなるんです。

編集者が自ら表紙まわりのデザインをするのは、経費削減の意味もありますが、デザイナーが必ずしもいいデザインを作ってくるとは限らないからです。もちろんデザイナーのほうが技術はありますし、おしゃれに作れるし文字の加工も上手です。でも、いくらかっこよくても、売れないカバーデザインだと意味がない。

時にはデザイナーに装丁を頼むこともあるんですが、こっちはとにかく売りたいので、やりとりをするなかで気を使う。デザイナーにはデザイナーの意向があるので。そういうことを踏まえると自分で作っちゃったほうが早いし、自分として満足いくも

本文の各部分の名称

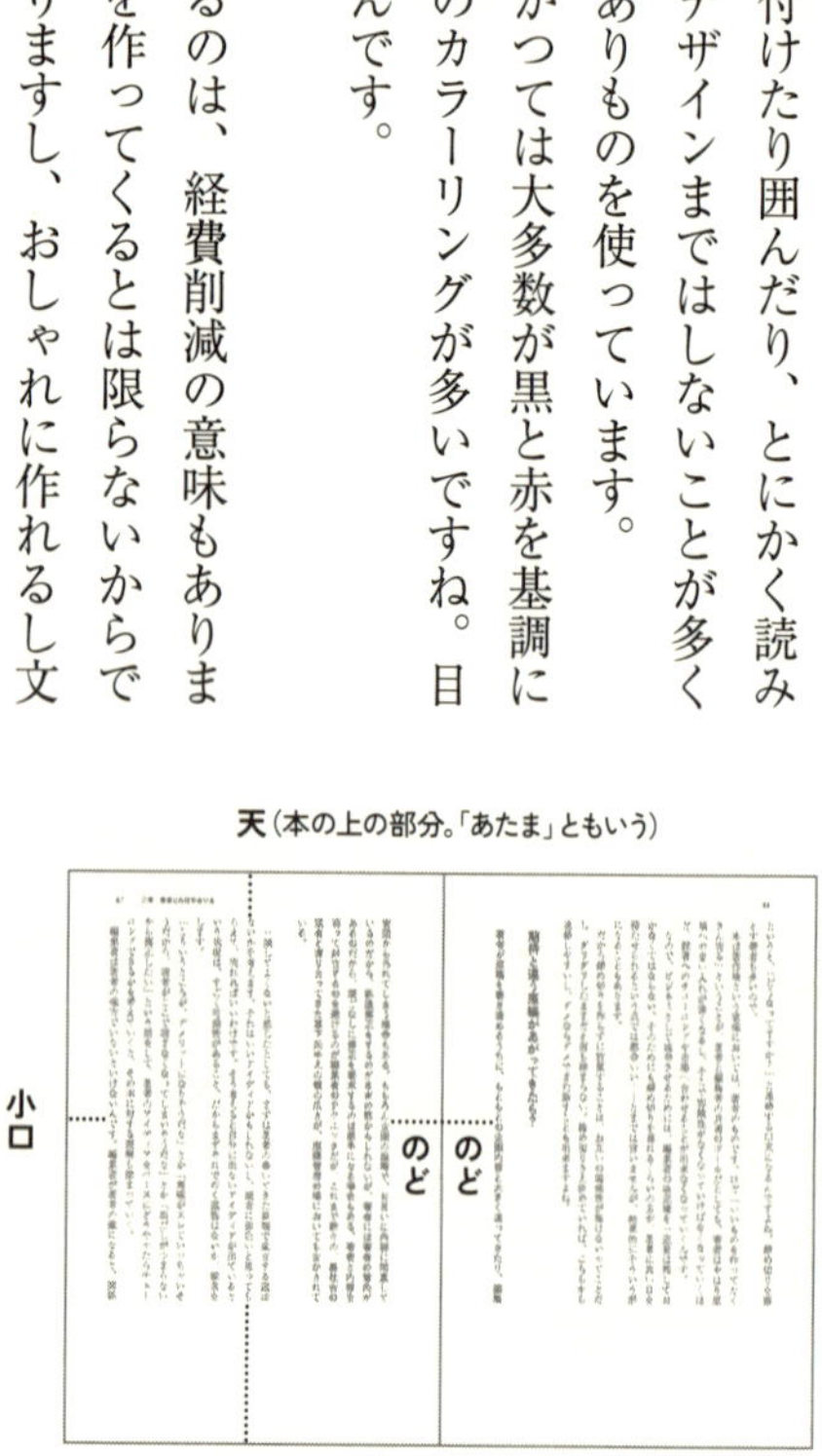

のができる。

僕が編集をしてカバーまで作った本は70％以上、重版がかかっています。書籍はカバーや帯を含めてすべてのワンパッケージの商品。商品としてこの本を売るには、どうするといいかなということを考えてデザインしているからではないでしょうか。

例えばカバーと帯は連動させることが必要です。だから、カバーのビジュアルやタイトルの大きさによって帯に載る文章自体が変わってくる。デザイナーに頼むと、直す際にいちいち指示しなくてはいけないけど、自分でだったら、バランスを見ながらテキストを考えることができるのが、なによりの強みです。

デザインのコツとしては、とにかく置いてみること。難しく考えずに、まずは素材を置いて、それを印刷して見比べて、どっちがいいか、どこを直せばいいか試行錯誤するのが一番です。センス自体をアップさせたいなら、絵画やポスターをたくさん見ること。だんだんと気持ちがいい構図、かっこいい構図っていうのがわかってくる。とくに映画のポスターやＤＶＤのパッケージは、メインのタイトルとメインビジュアル、そしてリードと、本のカバーに入れる要素と構成が非常に近いので、すごく参考になります。

カバーのデザインまで編集者が行うことは、彩図社以外の版元では、ほぼないとはいえ、カバーや表紙をデザイナーに発注するにあたって〈ラフ〉を切ることは必ず生じる作業だ。〈ラフ〉とは画像と文字とをどのように配置するかを手書きやデザインソフトを使って組み立てることだが、その際にデザインのセンスが問われることを考えると是非とも磨いておきたい。

『ルポ歌舞伎町』（２０２３年2月　著：國友公司）は、まさに自社デザインがピタッとハマった本です。著者の國友さんは、この前にも『ルポ西成　七十八日間ドヤ街生活』（２０１８年9月）という、大阪の西成に潜入したルポを彩図社から出しているんですが、売れたので次作はどの街にするかって考えていたんです。ある時、國友さんと電話をしていたら、今の住まいを引き払って、どこかに引っ越す予定だと。それを聞いた瞬間、ぱっと新宿のヤクザマンションに引っ越したら面白いんじゃないかって思いついた。「それで、歌舞伎町のルポを書きなよ」と。10秒くらいの電話で決まりました。

　このカバーの写真は僕が撮りました。歌舞伎町にある『上海小吃』っていう中華料理店の前の路地がすごくいい雰囲気なんです。普通は歌舞伎町の一番街のアーチとかを使うんでしょうけど、さすがにちょっと見慣れ過ぎているし、僕の好きな歌舞伎町

右「ルポ歌舞伎町」
（著・國友公司／2023年2月／彩図社）

左「ルポ西成　七十八日間ドヤ街生活」
（著・國友公司／2018年9月／彩図社）

は『上海小吃』のあたりの私道の入り組んだ、都内の秘境みたいな雰囲気がある周辺。『上海小吃』は僕の行きつけの店でもありますが、以前、店内でトラブルの現場に遭遇していたりもするので、僕の中の歌舞伎町っていうとあの路地なんですよね。怪しげな光を放っているところがまたいいんです。

ロケ地を決めたところで現場にいって自分のスマホで撮ったんですが、カバーに使うには画質がちょっと悪くて。だからＰｈｏｔｏｓｈｏｐでコントラストやシャープを強めて『ルポ歌舞伎町』っていう文字を置いたらハマった。この奥行のある雰囲気に合わせて、帯文は「この街を知りたければ深く潜るしかない」。自分でデザインまですると、カバーと帯の連動が一発でできるし、置いてみてハマらなかったらその場でどんどん書き直せる。一番いい形が、いっぺんに作れるっていうのが強みです。いい雰囲気の表紙に満足しているし、内容の出来もよかったこともあって『ルポ歌舞伎町』は、電子版と合わせて１万５０００部以上は売れました。

『カルト宗教信じてました。』（２０１８年４月　著：たもさん）のデザインも上手くいきましたね。これはキリスト教系の宗教団体、エホバの証人の二世の人の話です。もともとは大阪で勤務している弊社の営業の女性が、たもさんの旦那さんとお知り合いだったんです。奥さんが元エホバの証人の信者だったたっていうことと、絵も描ける

「カルト宗教信じてました。
『エホバの証人2世』の私が25年間の信仰を捨てた理由」
（著・たもさん／2018年4月／彩図社）

っていうことを聞きつけて、面白いじゃんっていうので出来上がった企画です。たもさんは、お子さんの輸血をきっかけに脱退したんですが、これも一種の都市伝説みたいなものですよね。エホバの証人とかの宗教の内情って、外からはなかなか見えない。秘密のベールに包まれているところに、購買意欲をそそるものがあるし、漫画っていう形式は読者にアプローチしやすい。文字よりも漫画のほうが、読みたいって人が多いので、その二点で売れるんじゃないかって思って企画しました。

表紙についいては、編集担当の後輩と一緒にどういうデザインにするかを考えていたんですが、なかなか決まらなくて。悩んで悩んで、結果的に本文中に出てくる一コマを採用しようということになったんです。2人でパソコン画面を見つめつつ、後輩がインパクトのある画像を置いてみたら、うまくハマった。やっぱりビジュアルのインパクトは大切ですね。

その後に宗教二世問題が世間に大きく取り沙汰されたりもしましたが、この本に関しては教団からクレームが来たりはありませんでした。まぁ、もし来たとしても、そこは闘いますけれども。

この本は、ＡｍａｚｏｎのＫｉｎｄｌｅ Ｕｎｌｉｍｉｔｅｄでめちゃくちゃ読まれたんです。サブスクの数字を踏まえたら10万部くらい売れています。

インパクトのある表紙といえば『ナチスの発明』（２００６年12月　著：武田知弘）ではないでしょうか。この著者の武田さんは、別名義ではビジネス書を出しているベストセラー作家なんですが、歴史系も書きたいという意欲もあって、大塚の定食屋で一緒にランチをしていた時に「ナチスの発明品の本の企画がある」と提案されて実現した企画です。

ナチスについては功罪の「罪」ばかりが取りあげられがちですが、必ずしも批判すべき点のみではないんです。高速道路や源泉徴収のシステムはナチスが作り上げたものですし、ロケットや、民衆でも買いやすい大衆車を開発しました。あとは健康増進法、禁煙もナチスの発明のひとつ。

なぜナチスがあれだけの力を持つようになったかっていうと、当時の国民からみたら「功」の部分があったから支持を集めたわけです。けれどもその「功」の部分もタブーになっていて触れられることはほとんどない実状がある。あえてそこに着目した企画は非常に面白いと思ったんです。会社に戻ってきて、それこそ5分で表紙をデザインしました。カバーにハーケンクロイツを大きく採用したので、とにかくインパクトがありますよね。内容の引きの強さもあって、文庫版と合わせて11万部以上、売れました。

けれども、この本はナチスを礼賛している本ではないんですよ。むしろ逆です。な

「ナチスの発明」
（著・武田知弘／2006年12月／彩図社）

のにこの本が売れたものだから、他の出版社が類似企画のナチス本を出してコンビニで流通させたんです。それに問題があったようで、それ以降コンビニは、うちから出ているナチスをテーマにした本も取り扱ってくれなくなった。企画がどんどん過激な方向にエスカレートしていくことで、規制されていくものもあるのだと思いました。

カバーのビジュアル素材について

カバーと帯をデザインするためには、写真やイラストなどのビジュアル素材と、カバーに配置するタイトル、帯に入れる〈あおり文〉と呼ばれる、宣伝文句のテキストが必要となる。

テキスト関連は編集者が考えるとして、ビジュアルはどこかから手配をしなくてはならない。カメラマンやイラストレーター、有料のフォトストックなどに使用料を払って作品を使用させてもらう、もしくは無料素材を使う。通常、このふたつのどちらかだ。『ルポ歌舞伎町』のカバーのように、自ら撮った画像を使うのは特例であり、実質、表紙に耐えうるクオリティの写真を撮れる編集者は滅多にいない。そもそも歌舞伎町の路地裏の雰囲気がいいからといって撮ろうとも思わないだろう。

著者の自伝の場合は、過去のスナップだったり、とある地域などのルポの場合は、著者が現地で撮影した写真を提供するケースもある。当然、その素材を使うのがベストであるが、画像に少しインパクトが足りないという時は悩ましい。それでも、解決方法がないわけでもない。

高木さんの『売春島「最後の桃源郷」渡鹿野島ルポ』のカバーデザインは大変でした。遠景から撮った島の写真が一枚しかなかった上に、実際の画像はもう少し寄りで撮られた縦位置の画像だったんです。いろいろ試行錯誤している時に、『カルト宗教信じてました。』を編集した後輩に相談したところ、映画のポスターのような雰囲気のデザインを提案してくれました。下部に海の画像を合成したことで、いわくつきの島と、そこに通じる海という構図ができたんです。けれど上部の島の画像に合わせて下部の海の部分をグレーにしたら、沈んだ雰囲気になってしまったので、海の部分は少しブルーにして、売春という言葉のイメージで文字はピンクにしました。

『金子みすゞ名詩集』にも加工を入れてあります。

金子みすゞっていうと、僕のイメージは金魚とか小動物なんです。なので、ＣＤ－ＲＯＭに入って売られている５０００円くらいのフリー素材集の中にあったフェルトで作った金魚のモチーフを採用することにしました。

けど金魚の素材には、背びれと尾びれがなかったんです。オタマジャクシみたいな形で、もとの素材のままだとちょっと金魚ってことがわかりにくい。だから背びれと尾びれを付け足して、さらに泡のイメージを入れました。加工技術が足りていなくて、よくよく見ると少し粗いんですが、それよりも空間を活かすイメージを優先させました。

インパクトで勝負する

タレントなどの著名な著者の場合、カバーデザインに本人の写真を使うことが多い。一方ハウツー本など著者のネームバリューよりも企画性で売る場合は、テキストを前面に出すというパターンもある。その場合は、ビジュアルがないぶん、文字でどうインパクトを与えるのかにセンスが問われることになる。

うちはそもそも、著名な著者の本を作ることが少なかったので、読者が書店でタイトルを見た時にぐっと入ってこなくてはダメ。ぱっと見で「あ、こういう本なんだな」って内容がまずわかって、さらに帯で「面白そうだな」と手に取ってもらえるデザインを意識しています。

『超実践　株式投資のプロ技』（2018年4月　著：高野譲）は、株式投資のマニアックなテクニックを紹介した本です。

著者の高野さんは『アジア「裏」旅行』を書いた平間康人さんのかつてのバイト先の後輩。平間さんから紹介されてすぐに親しくなって、一緒にタイ旅行に行ったこともあるくらい仲のいい友人です。個人投資家として十年、機関投資家も同じく十年、トータル二十年もの間、投資をやってきたキャリアを持っている人で、話を聞いたらものすごくテクニカル。株をやったことのない僕でさえも、レベルが高いことをやってるってわかった。株をまったく知らない僕が聞いても感心できるってことは、高野さんの投資のやり方が理に適っているっていうこと。これは本にする価値があると、完全に感覚のみで企画した本です。無茶苦茶ですね。高野さんは投資の腕はすごいけれど、世間的な知名度はない。有名な人だと帯に顔を出したりってなるけど、この本の場合は著者が無名なので肖像を出しても仕方がない。だったらどうしようかと考えて、文字と配色だけで勝負することにしたんです。

イメージは劇薬。黒に金の箔押しのぎらついた雰囲気にして、プロがこっそり実践している、裏のテクニックという印象を打ち出しました。

値段も当時は本体1300円くらいが妥当な価格でしたが、どぎつい雰囲気に合わせて本体1600円とあえて高くしました。株式の本で黒い表紙のものってあまりな

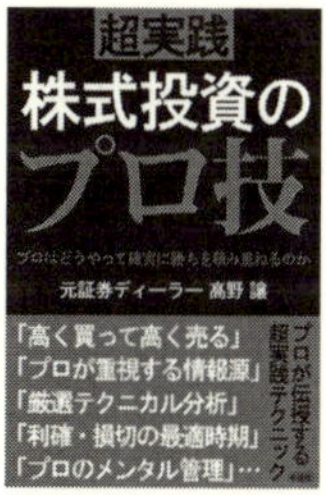

「超実践　株式投資のプロ技」
（著・高野譲／2018年4月／彩図社）

いんですが、うまくハマって、1万5000部くらいは売れました。まったく知名度のない著者の本をよく作ったなって自分でも思うし、それがよく売れたなって思います。やっぱり内容が良い本は売れるんです。ちなみに高野さんの文章はハードボイルドですごく雰囲気があります。

その後に出した『超実践　不動産投資のプロ技』（2018年11月　著：関田タカシ）は、表紙のデザインこそ似せていますが、カラーリングは白とグリーンを使って爽やかな雰囲気にしました。この本の著者の関田さんは、以前も『現役営業マンが明かす　不動産屋のぶっちゃけ話』（2012年5月）や『現役不動産仲介営業マンがこっそり教える　最強の初心者向け不動産投資』（2015年9月）などの不動産の本を書いてもらったことがあったんです。この2冊はそこまでは売れなかったんですが、一生懸命に書いてくれた。やっぱり仕事をしっかりしてくれる著者、編集コストが低い著者とは、また仕事がしたいなって思いますよね。やりとりをしっかりしてくれて、締め切りを守ってくれて、いい原稿を書いてくれて、編集者として手間がかからない著者は、仕事相手としてストレスが少ないし、それだけでメリットなので重宝される。関田さんはまた仕事がしたい著者だったので、ぜひもう一冊やりましょうという話になり、それなら超実践シリーズにしようと。

「超実践 不動産投資のプロ技」
（著・関田タカシ／2018年11月／彩図社）

超実践というシリーズは一緒でも、株式と不動産投資とでは、購買層はまったく違います。けれど、上手くいったものには、上手くいったなりの理由があるので、上手くいっている間は、なるべく同じことをくりかえしたほうがいいんですよ。上手くいかなくなったら、それはその時に考えればいいだけのこと。パッケージがよかったのか『超実践　不動産投資のプロ技』は重版がかかりました。

売れている本のデザインを参考にする

「売れるデザインとはなにか」と考えた時に、すでに売れている本のデザインを参考にするという手法がある。売れている本に乗っかるというと言葉が悪いが、そもそも出版業界では、他社から出ている売れている本を参考にして、企画を立てることもある。それをパクリにするかしないかの匙加減は、編集者次第だ。

もちろんあまりにそのままのパクリは、やはりみっともない印象になる。すべては編集者のバランス感覚にかかってくる。

最近は売れるデザインについて、自分の中で固まってきたこともあって、あまりしないですが、過去には他社の売れている本のデザインを参考にしたこともあります。

『ついていったら、こうなった　キャッチセールス潜入ルポ』（２００３年10月　著：多田文明）は、宝島社の『社長をだせ！　実録クレームとの死闘』を意識しました。『ついていったら、こうなった　キャッチセールス潜入ルポ』は、著者の多田さんがもともと『ダカーポ』（マガジンハウスの雑誌。休刊し、現在はデジタルマガジンとして展開）でしていた連載に加筆・修正をしてまとめたもの。キャッチセールスにわざと引っ掛かってそれをルポにする『誘われてフラフラ』というタイトルの連載だったんですが、それを本にしたいと企画を持ち込まれたんです。原稿自体は面白かったし、人間の興味を掘り下げる話って読者の引きもあるので、出すことにしたんです。

ただ、この本を作ったのは24歳かそこらの時で、まだ僕にも出版の常識みたいなのがなくって、倫理観も緩かった。時代的に許容度が高かったのもあるけど、いまだったら、ここまではデザインを似せはしませんね。

世界最古の兵書『孫子』で紹介されている兵法を、現代のビジネスにも活かせるように再構成した『超訳　孫子の兵法』（著：許成準）は、単行本と文庫版、コンビニ向けの廉価版、Ｂ５判のヴィジュアル版とで展開して、合計で15万部ほどのヒットになりました。原文にこだわらずに読みやすいように翻訳する「超訳」で、なにか一本企画を考えようと思って後輩と一緒に作った本です。カバーは、グーグルで画像検

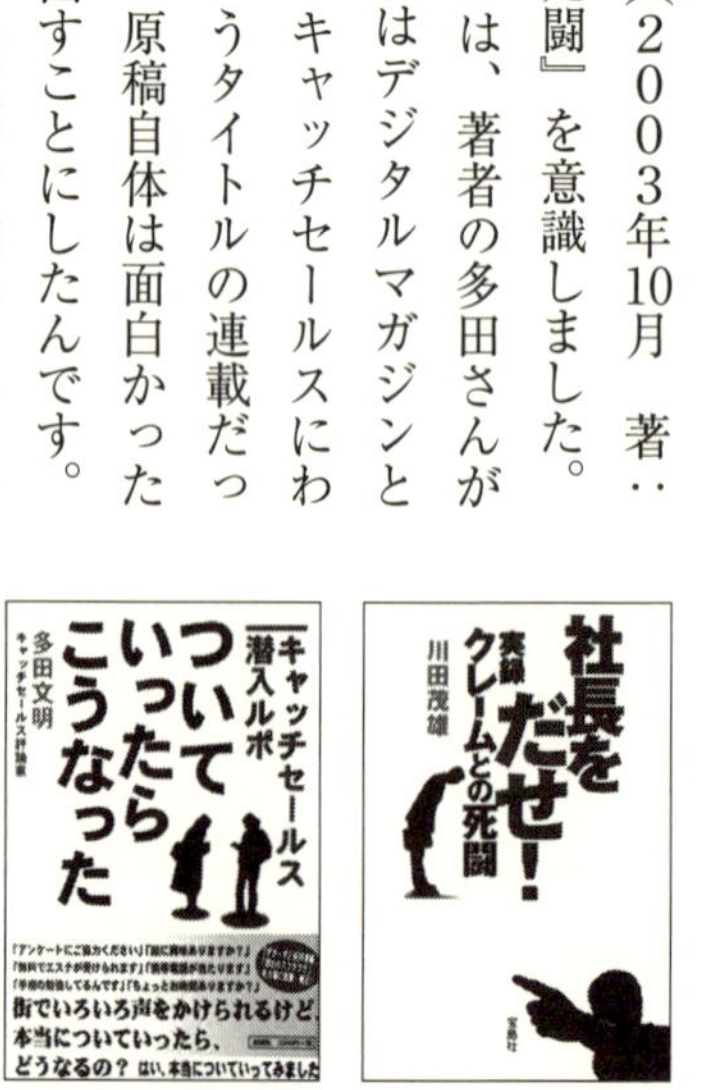

右「社長をだせ！ 実録クレームとの死闘」（著・川田茂雄／2003年7月／宝島社）

左「ついていったら、こうなった キャッチセールス潜入ルポ」（著・多田文明／2003年10月／彩図社）

索してたら出てきた中華料理店の看板のデザインを参考に作りました（41ページ参照）。編集担当の後輩はすでに退職して他の出版社で活躍しています。

『今日、ホームレスになった』（2008年8月）のカバーデザインも思い出深いエピソードがあります。きっかけは15年ほど前、新風舎という倒産した自費出版系の出版社の営業マンが、うちに転職をしてきたこと。彼に「もといた版元では、どんな本が売れていたの？」と尋ねたところ「『今日、ホームレスになった』という本が売れていた」って教えてくれて。サラリーマンから転落してホームレスになってしまった人たちを取材した本なんですが、そういうのってみんな興味あるじゃないですか。どうしてホームレスになったのかとか、ホームレス生活ってどういう感じなのかとか。面白そうだから読みたいなって思ったし、しかももう絶版になっていると聞いて、すぐに著者の増田明利さんに連絡を取って「うちで出し直しましょう」って提案しました。

彩図社からは廉価版で出すことにしたんですが、もともと売れている本だったし、カバーデザインもすごくよかったんです。だから、ほぼ忠実に再現することに決めました。後輩の編集者にモデルになってもらって、上野の洋品店で安く買った服を土で汚して、隅田川の河川敷に行って。以前、僕が金を貸して返してくれなかったヤクザから借金のカタとしてもらった偽物のロレックスをしてもらって。ただひとつ、モデルを務めてもらった後輩の手が小さかったんですよ。けど、この写真は手が目立たないと面白くない。だから、手だけ切り取って、120％くらいに拡大して配置したんです。彩図社版『今日、ホームレスになった』は文庫版と合わせて20万部のヒットになり、その後、増田さんとは何冊も作りましたが、累計で50万部以上売れています。

僕はインスパイアの領域って3つあると思ってるんです。

1つはカバーのイメージ、もう1つは内容、もう1つはタイトル。この中で1つ被るのは「出版社ってそんなものだよな」ってある意味でお互い様ってところがある。2つだとちょっと気を付けろってなる。これが3つになると僕の感覚としては完全にアウトです。

デザイナーに発注するメリットもある

自分でデザインまでするからこそ、中身はもちろん、装丁も納得のいく本となり、自信を持って売り場に並ばせることができる。デザインまで担当するのは、多くの編集者にとって勇気の必要なことであるだろうし、通常の版元であれば、そこまで求め

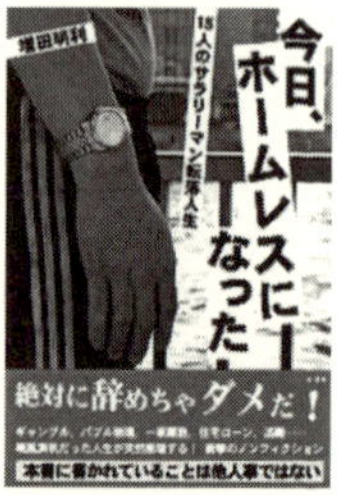

「今日、ホームレスになった」
（著・増田明利／2008年8月／彩図社）

られることもない。が、自らがデザインするくらいの気持ちで突き詰めて、表紙まわりについて考えれば、手掛けた本の売れ行きも変わってくるのではないだろうか。

『悪党の詩』（著：D.O）のカバーは、デザイナーに外注しました。アーティストの本なので、かっこいいデザインのほうがいいなという判断です。装丁もですが、とくにタイトル文字については一段おしゃれにしたいなと。けど作字やレイヤーの重ねといった高度な技術は、僕にはない。そこで親友でもあるデザイナーの米倉八潮にお願いしました。

八潮が出してきたロゴは僕としては最高でしたし、著者のD.O本人も気に入って、いろいろグッズを作っていたほどです。

『地元最高！』（著：usagi）のタイトルロゴも、同じく八潮に外注しました。ディスカウントストアのドン・キホーテっぽいイメージで作ってもらったんですが、やっぱりプロのデザイナーはいい仕事をしますよね。このロゴはトレードマークとなって作品のファンにも広く愛されています。

八潮なんですが、実は2023年の末に亡くなってしまったんです。彼ともう会えないし、仕事もできないって思うと、とても悲しいです。『地元最高！』の1巻は、ロゴだけではなく装丁まで任せたので、本の中にクレジットを入れたんですが、2巻からはロゴだけの使用なので名前を入れてなかったんですよ。でも『地元最高！』という作品を考えたときに、このロゴってすごく大切だなって改めて思って、以後は八潮のクレジットを入れるようにしています。

四章で詳しく後述するが『地元最高！』は、2022年に渋谷のMAGNET by SHIBUYA109で『地元最高！ ポップアップストア』を展開。その際の商品ラインナップにカバーのタイトルロゴを使用したライターやピルケースなども販売している。複合的にマネタイズを試みた結果、デザイン費をペイするばかりか利益を生みだす……草下氏のビジネスセンスもさることながら、自らの作品が世間に受け入れられていることに、亡くなった八潮氏も喜んでいたのではないだろうか。

最初にデザインした本の思い出

いまは売るための表紙まわりのノウハウを見出した草下氏だが、最初は手探りでもあった。記念すべき最初のデザインは『僕、はまじ』（2002年2月 著：浜崎憲孝）。そのエピソードを聞いた。

『僕、はまじ』は22年前、僕が最初にデザインした本です。編集も担当しています。当時、彩図社は自費出版をやっていて、はまじこと、浜崎さんご本人から「自伝を出したい」と原稿が送られてきたんです。浜崎さんはその当時はトラック運転手をされていたんですが、読んだら「漫画の『ちびまる子ちゃん』に出てくる『はまじ』だ！」って驚きましたよね。

『ちびまる子ちゃん』の中に出てくる先生は優しく描かれているけれど、実は怖かったとか、実際のさくらさんやたまちゃんはこんな子だったとか、そういう感じの裏話もあれば、はまじは漫画の中ではお調子者のキャラクターとして描かれていて、さくらさんからはそういうふうに見えていたかもしれないけれども、楽しいばかりの小学生時代でもなかったっていうような打ち明け話もあって。

ただのお調子者というキャラクターとして世に知れ渡っているけれども、プールが嫌で嫌で仕方なくて、学校から逃げ出したとか、そもそも学校そのものに馴染めていなかったとか、家出をしたとか。定時制高校に通って卒業した後は必死に仕事に励んだとか、たびたびの困難を乗り越えながらも生きていかなくてはいけない、人生のつらさについてがしっかり描かれていた。

浜崎さんは、著作の中で「定時制高校を卒業したってことで、達成感を得られた」とおっしゃってるんですが、漫画の中のキャラクターではなく人間なんだよってこと、

「僕、はまじ」
（著・浜崎憲孝／2002年2月／彩図社）

『はまじ』というキャラクターのバックストーリーが書かれていることがこの本の魅力なんです。

当時、うちの自費出版は、著者に40万円程度の制作費をいただいて、500部前後刷るというミニマムなビジネスモデルだったんです。ただ、浜崎さんの本は売れる可能性があるし、自費出版といえどもやっぱり売れてほしいという思いもありました。なのでさくらももこさんにお願いしてイラストを描きおろしてもらって、マンガのイメージを生かして吹き出しを入れたカバーデザインに仕上げました。

さくらさんは浜崎さんの本ということもあって、数万円という破格の装画料で受けてくれたんですが、出版後にちょっと行き違いがあったんです。

というのも、さくらさんは浜崎さんが自費出版する本のイラストっていうふうに理解していたみたいなんです。けど、実際は書店にリリース情報と配本希望数のファックスを流したら大量に注文がくることになった。それで初版をぐっと増やして2万5000部くらい刷ることになったんです。

要するに、結果として浜崎さんの支払った自費出版の制作費以上の経費をかけて作ることになったんです。それが、さくらさんからしたら「自費出版じゃない。騙された、利用された」という不信感につながってしまったかもしれません。

しかもこれ、カバーに使っているさくらさんのイラストの画質がすごく粗いんです。当時の僕にはスキャニングの解像度の知識がなかったこともあって、非常に粗い画像で作ってしまって……いま思えばとんでもないです。無知を言い訳にはできません。申し訳ありませんでした。

ちなみに、浜崎さんももう、亡くなってしまったんですよ。亡くなった方の話ばかりで申し訳ないですが、でも僕、思うんです。本を作るって、その人の人生において大きなことなんですよね。一生に一冊でも二冊でも、自分のとっておきのエピソードとかを書くことって、人にとってはある意味で人生そのもの。それに伴走して、一緒に過ごして共に一冊の本を作り上げた作家と編集者って、気持ちの結びつきも強くなる。本が出た後はそんなに頻繁には連絡を取らなくなるけれども、それぞれが生きていくなかで、ずっとどこかでは気にしているし、関係が切れることがない。だから訃報も届きやすい。編集者っていうのは、本を作ることで人と深く関わる職業なんです。

本文デザインについて

本文デザインに工夫を凝らすことで、本そのものの完成度は高くなる。しかしあまりに書体に凝ったり、文字を小さくしたりとデザインを優先させすぎると、文章自体が読みづらくなってしまい、本末転倒だ。カバーや帯とは違い、直接の購買意欲にはつながりにくいとはいえ、本文レイアウトにこだわるのも、本作りの面白さともいえる。

『裏のハローワーク』は様々な裏の職業を紹介した本ですが、小口の近くの柱（書籍の各ページの版面外に入れられる見出しの一種。この見開きページでは左ページ上の「三章　本の作りを考える」がそれに当たる）に職業名を載せて、そこに各職業を表すアイコンを配置してあります。後ろのページに行くにしたがって、犯罪傾向が強くなるページ構成にしてあるんですが、それにあわせて最初は柱の色を黒10パーセントくらいからはじめて、少しずつ黒を濃くしていって、後ろまで行くと黒地に白抜き文字になる。本のデザインで、その職業がどれくらい裏なのか、わかるようにするっていうことを、デザインで可視化させせました。

偉人や歴史、名言などをテーマに執筆活動を行っている山口智司さんの著書『人生を奮い立たせる　アウトロー100の言葉』（2007年4月）、『壁をブチ破る　天才100の言葉』（2008年3月）、『革命家100の言葉』（2009年11月）、『胸に熱く響く　経営者100の言葉』（2010年6月）の〈100の言葉シリーズ〉

も本文レイアウトに凝っています。

このシリーズはもともと、名言や格言を集めた本を作りたいと考えて企画したものです。こういう本って偉人の言葉を採用することが通常ですが、僕はひねくれものなので、闇っぽいほうが好きなんですよね。だから普通じゃラインナップされないような人たち、例えばチェ・ゲバラやマルコムX、マリー・アントワネット、大山倍達、スタンリー・キューブリック、ダグラス・マッカーサー、カート・コバーンといった、古今東西のアウトローの言葉で構成しました。

この本は、見開きで右ページに言葉、左ページでその説明というレイアウトです。最初は文字だけで展開していたんですが、ちょっと右ページがさみしいから、なにか欲しいなと。アウトローの言葉だから、地獄というイメージが合うなって考えて、ロダンの『地獄の門』の彫刻をレイアウトに組み込もうと考えました。

『地獄の門』は、上野の国立西洋美術館の前庭に展示してあるのを知っていたので自分で撮りに行きました。彫刻は著作物ですが、屋外に設置されているものの場合は、原則として著作権者の了解なしに利用することが可能です。撮ってきたものをモチーフにして、言葉をぐるりと囲むようなデザインにしました。

自分で撮れば経費も節約できる。また、編集者になって数年という頃ですからね。そうやって経費を削減していました。

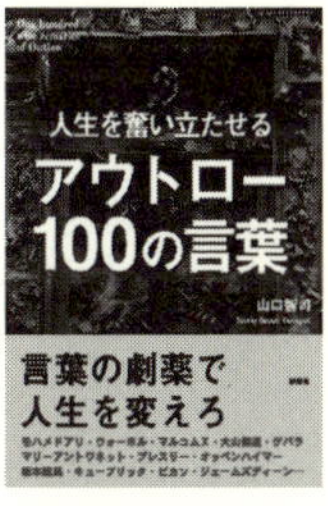

「人生を奮い立たせる アウトロー100の言葉」
（著・山口智司／2007年4月／彩図社）

一冊目の『アウトロー１００の言葉』が売れたので次々にシリーズで展開していったんですが、この〈１００の言葉シリーズ〉はすべて『地獄の門』のレイアウトで統一しています。やっぱり、ただ文字があるだけよりも雰囲気がある。うまくいったと思っています。〈１００の言葉シリーズ〉はコンビニバブルの頃だったこともあって、シリーズ累計、35万部は売れました。

タイトルについて

売れる本を作るために、もっとも大切なもののひとつといってもいいのがタイトル。カバーに入る範囲内の文字数で、ぱっと目に入った瞬間にその本がどんな内容であるのかを理解させるのと同時に、「面白そう！」と興味を引かせなくてはならない。インパクトを優先してシンプルにするか、それとも長めの文字数にして情報量を増やすか。編集者が最後まで悩むのがタイトル付けだ。

僕の本の作り方はゲリラ型。ゲリラとしてはやっぱり派手だったり目立つような作りにして、まず人の目につくことを考えないといけないんです。だから、タイトルは短くしてその分、カバーに大きく配置するってことを意識してやっています。

『元ヤクザ弁護士　ヤクザのバッジを外して、弁護士バッジを付けました』（著：諸橋仁智）は、5刷までしたんですが、最初は帯にある『ヤクザのバッジを外して、弁護士バッジを付けました』というタイトルにするつもりでした。が、いざカバーのデザインをする段階になって、著者の顔が大きく写っている画像をカバーに配置したら、タイトルの文字が小さい印象を受けた。インパクトが弱いと感じ、思い切って短くして『元ヤクザ弁護士』って大きく文字を入れたらハマったので、その場でタイトルを変えました。諸橋さんの笑顔がとても素敵ですよね。

タイトルはカバーに配置した状態で、しっくりくるのが大切なので、書影をデザイン中にタイトルを変えることも少なくありません。とにかくいまは商品しかり情報しかり、すべてのモノが多い。目的買いならともかく、なんとなくの思わせぶりのものは、人の目にすら入らないんです。

『バレると後ろに手が回る　脱税のススメ』（2004年9月　著：大村大次郎）は、元は他社から出ていた本にインスパイアされたタイトルです。

元国税調査官の大村大次郎さんの原稿を預かる機会があったんです。脱税して捕まった人たちの手口を集めた内容で、脱税のテクニックを紹介しているわけではなく、むしろ脱税したらバレるぞというのが企画趣旨ですが「それだけだと売れないんじゃないかな」という懸念があった。どうしたものかと考えていたところ、アスコムさん

「バレると後ろに手が回る　脱税のススメ」
（著・大村大次郎／2004年9月／彩図社）

から『あなたの会社にお金が残る 裏帳簿のススメ』という本が出て売れていることを知ったんです。

『脱税のススメ』にしたらすごくインパクトがあるし、売れるんじゃないかと思いつつ、著者に無理をいってこのタイトルを採用しました。「無知だと国に税金を取られるばかりなんで、税金の知識をつけましょう」という意味での「脱税」です。タイトルにあわせて、まえがきや本文を書き替えてもらいました。

その後、大村さんはベストセラー作家になりますが、この時点ではそこまでヒット作を出していなかった。くり返しになりますが、一般的に広く名前が知られているわけではない著者と仕事をする時は特に、タイトルとカバーは重要です。読者は帯も含めて興味を持って、手に取って目次や本文をパラパラと見て「面白そうだな」って思ったら買うわけです。当然、書店で足を止めてもらえるようなタイトルとカバーを作ることが大事。かといって表紙まわりと本文が乖離していたら買わない。だから買ってもらうためには、最初に直感で「面白そう」と思わせる雰囲気を、本文でもしっかり出してあげないといけないんです。

買ってくれた人がその本を読み終えた後、面白いと思ったら周囲に勧めてくれるかもしれないし、SNSで感想を書いてくれることもある。どんなにパッケージがよかろうが、結局は本文の内容が面白くなければ、後々売れていかない。だからタイトルを売れ筋に寄せる時は、中身もそれに合わせるという作業が大事なんです。

この『脱税のススメ』は改訂版や税務署撃退編、図解版などとシリーズ化して累計12万部くらいはいきました。

原則的にはタイトルは僕が決めていますが、実は『ついていったら、こうなった キャッチセールス潜入ルポ』（著：多田文明）のタイトルは、僕が考えたんじゃないんです。コピーライターの村田武彦さんって方がいて、僕とは一緒に住んでいたこともあるくらいの親しい仲なんですが、ある時、たまたま企画会議のタイミングで会社に遊びに来ていたんです。で「会議に参加する？」って誘ったら「いいよ」って参加してくれることになって。

著者の多田さんがダカーポに連載していた時のタイトルの『誘われてフラフラ』じゃいまいち面白くないし、キャッチセールスうんぬんでは、お堅くなってしまうっていうんで「この本のタイトル、なにかいいのないかな」って話し合っていたら、村田さんが『ついていったら、こうなった』ってタイトル案を出してくれて、その場で採用になりました。本が売れたのは村田さんのセンスのおかげでもあります。

『怒られの作法　日本一トラブルに巻き込まれる編集者の人間関係術』（2023年4月　刊：筑摩書房　著：草下シンヤ）は、著者という立場で関わって他社から出た本です。取材対象者や仕事相手など、これまで関わった人たちとのトラブルにこう対応しました、という事例集で、筑摩書房の編集者から「こういう企画で本を出しませんか」と声を掛けられる形で出すことになりました。

この本のタイトルについては、最初しっくりこない部分があって、「このタイトルでは売れないのではないだろうか？」って担当編集者に言いました。

〈怒られ〉ってネットミームは、あまり浸透してないんじゃないのかなって思ったのがひとつ。もうひとつは、これまで巻き込まれたトラブルについて僕自身、〈怒られ〉って受け止め方はしていなかったし、ネットミームみたいな言葉では、その感覚は表現できないなって思ったからです。

売れ行きについて不安はあったんですが、出来上がってみたらカバーの雰囲気とタイトルがマッチしていて気に入りました。他社さんなのではっきりした数字はわかりませんが、ＰＯＳデータ（販売実績のデータ）を見ると初版分は完売できるんじゃないかと。でも、いまでも僕としてはネットの流行り言葉をタイトルに使うのは、ちょっと怖いと思っていますね。言葉の浸透度もあるし、時が経ったら古くなってしまう

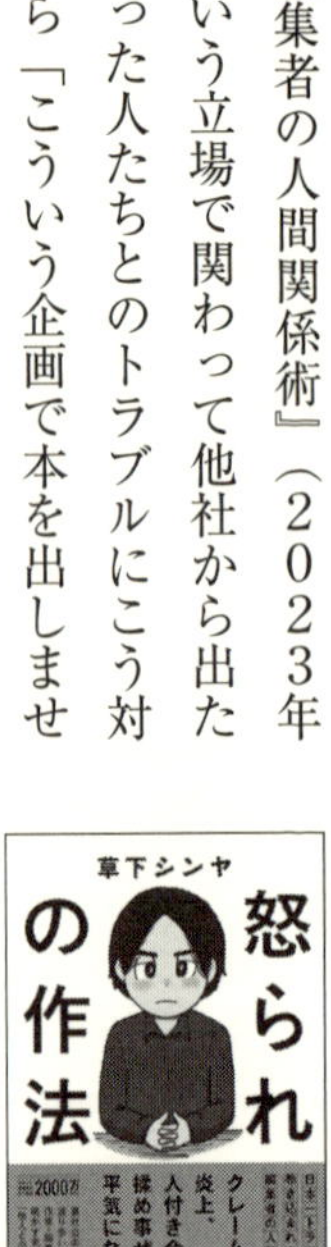

「怒られの作法 日本一トラブルに巻き込まれる編集者の人間関係術」
（著・草下シンヤ／2023年4月／筑摩書房）

からです。

〈はじめに〉と〈目次〉

カバーと帯とで興味を湧かせ、手に取ってもらったところで「レジに持っていく」という行動に結びつけるには〈はじめに〉と〈目次〉が重要な役割を果たす。

〈はじめに〉には、この本がどんな本であり、どんな読者に向けて書いているのか、この本を読むことでどういったことが学べるのかを読者に知らせるとともに、著者の人となりやスタンスなども伝える役割を担っている。

〈目次〉は、各章の見出しをまとめたものだ。〈ノンブル〉と呼ばれるページ数を表記した数字とともに順番通りに列記する。目次の役割としては、本全体の構成を読者にわかりやすく知らせるとともに、どの見出しの文章が、本文のどの部分にあるのかを伝えるという役割もある。

〈はじめに〉と〈目次〉は、表1から伝わってきた面白さを増幅させていかないといけないんです。せっかく手に取ってくれても、ここで「違うな」と思ったら棚に戻されてしまうので。

〈はじめに〉は大きく分けるといくつかのパターンがあります。

ひとつはその人が思っている潜在的な疑問を増幅させて「この本を読めばそれが解決しますよ」というもの。例えば実用書だったら、これを読めばどんないいことがあるのかってことが売りになる。最初に「困っていることはありませんか？」と疑問を提示して、そのエビデンスとして、どんな人がこの本を書いているかって説明をする。問いかけから入るのも、読者の興味を引くテクニックのひとつだと思います。

懲役太郎さんと僕の共著『常識として知っておきたい裏社会』はヤクザや半グレ、裏バイトなど裏社会の様々な事情を解説した本ですが、その〈はじめに〉は「私のツイッター（現X）アカウントには、毎日のようにDMが届く」から始めています。世の中には犯罪についてのいろんな相談があるんだよ、と。どういう犯罪があるんだろうっていう疑問を持たせて興味を引かせるパターンです。


もうひとつは、いきなり事件から始めるパターンです。『福岡県警工藤會対策課 現場指揮官が語る工藤會との死闘』（2021年11月 著：藪正孝）は、テロ組織のような認定をされている特定危険指定暴力団の工藤會と闘っていた福岡県警の話で、著者の藪さんはたたき上げで北九州地区暴力団犯罪捜査課の初代課長になった方です。藪さんはとても誠実な方で、情報の正確性を極めて重んじながら執筆をしています。

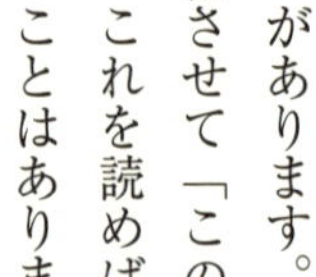

「福岡県警工藤會対策課　現場指揮官が語る工藤會との死闘」
（著・藪正孝／2021年11月／彩図社）

資料的にも価値がある本ですし、静かな緊張感が言葉の端々から伝わってきます。

合計で1万2000部くらい売れましたが、この本の〈はじめに〉は、工藤會の野村悟総裁と田上不美夫会長に死刑判決が言い渡されるところからスタートしています（※のちに一審の死刑判決は破棄され、二審で無期懲役が言い渡された）。

『悪党の詩』もD・Oが逮捕されたってことが〈はじめに〉でまず明かされている。こういった感じで事件を最初に持ってくると、ぐっと引き込まれる〈はじめに〉になるんです。

けれど、読んでもその事件に引き込まれないと、買ってはもらえない。強いシーンだったら事件から入るのはありだけど、そうじゃなければ説明から入るのもありです。

國友さんの『ルポ歌舞伎町』はそのパターンで、今の歌舞伎町が置かれた状況説明から入っています。日本の覚醒剤史を追った『覚醒剤アンダーグラウンド　日本の覚醒剤流通の全てを知り尽くした男』（2021年10月　著：高木瑞穂）が、シャブの隠語から入ってるのも、読者の興味を引くのを狙ってのことです。

どんなパターンであっても、必要なのは「この本を書いているのはどういう人間なのか」「どういうことが書かれているのか」「読んだらどんないいことがあるのか」の

「覚醒剤アンダーグラウンド　日本の覚醒剤流通の全てを知り尽くした男」（著・高木瑞穂／2021年10月／彩図社）

3つ。これをどういう順番で構成するかが重要です。この3つを1、2、3の順で書いちゃうとつまらなくなる。本のジャンルによって、ベストな順番がある。著者と相談しながら最も読者が引き込まれる〈はじめに〉を作ることが大切です。

人によっては本文を少し立ち読みすることもあるので、やはり本文の冒頭も〈はじめに〉同様、面白くしないといけないです。買ってもらって最後まで読んでくれた場合の話になりますが、本文については最後も重要です。エピソード集のような作りの本だと、時系列を気にせずに自由に構成を組むことができますが、どのエピソードも必ず面白いわけではない。むしろバラつきがあって当然です。その場合に冒頭はとにかく引きを作るためにも面白さを意識して、少しだれてきたなというところで、また面白い（強い）エピソードを入れて読書意欲を復活させる。そして最後はまた面白く終わらせて「ああ、面白い本だった」という読後感を読者に与える。「面白い本だった」と思ってもらえれば、周囲の人に勧めてくれたりするので、総合的な満足感のある構成にすることが大切なんです。

見出し

本文を読み進める際に、まず目に入るのが見出しだ。センテンスが短いので、ぱっと見た瞬間に本の印象が決まる。たとえ〈はじめに〉を読んで興味を引かれても、見出しが期待外れだとせっかく手に取った本を、棚に戻してしまうことになる。

見出しを付ける際には、どうやって本文中の核心をつくかを重点に置いています。いかに刺激的なキーワードを散らして派手にするかですね。

個人的には、本文中のセリフを見出しにするのは好きです。センテンスの中の面白さを、ネタバレしない範囲でどれだけ端的に抜くかって考えますが、短い熟語だけでは面白くない。なのでケレン味を入れるように心がけています。

本を読む時に「今日はここまで読もう」って決めて読む人も少なくない。だから次が読みたくなるような見出しをつけるように心がけつつ、読者が読みたい、面白そうだと思ってくれるような味が出るようにしています。

「大相撲土俵裏」（上）と「常識として知っておきたい裏社会」（下）の目次。
読者の興味を引く刺激的な見出しが並ぶ

大相撲土俵裏　目次

図版

文章に挿入される図や画像を図版という。写真やイラスト、グラフなどのビジュアルを、テキストだけではいまいち伝わりにくかったり、説明が難しい場合に使用する。ノンフィクション作品の場合は、写真の図版を入れることで読者への説得力や信頼感が増す効果もある。

かつては1ページあたりの文字数が、多いほうが好まれる傾向にありました。それこそ、僕が本を作り始めた頃は、1ページ18行で本文を組んでいた。今は15行、場合によっては14行の場合もある。束《つか》（編註・表紙を除いた本の中身の厚さのこと）を出すために行組を減らすというテクニックもありますが、それとは関係なしに一冊の本の文字数自体、減っている傾向にある。リーダビリティ優先、写真を入れてさくさくと読めるようにするのが、いまの時代のニーズではないでしょうか。だから僕も、最近はなるべく図版を入れるようにしています。著者の作業量も減りますし、読者も実は短時間で一気に読める分量を求めていることが多い。

〈危ない旅行書シリーズ〉も最初の頃は図版は入れていませんでした。でも、あったほうが当然、イメージが想起される。だから、入れていこうっていう編集方針になりました。

挿入する画像は、通信社から買うこともあれば、著者に提供してもらうこともあります。そして著者に提供してもらったもののほうが臨場感があっていいものが多いです。

ルポやインタビューをもとにしたノンフィクションで、著者に画像を撮ってきてもらう場合には、被写体となる人物の目線は欲しいところです。人物の写真は目が強く印象に残るので、どうせ撮るなら目線が欲しい。画角はトリミングするので、あまりこだわりませんが、潜入取材の時は広めの画角で、かつ、とにかく枚数も撮ってもらいますね。僕が撮る場合は写真が下手なのでなおさらです。

せっかくコストを掛けてまで図版を入れるのだから、できる限り効果的な使い方をしないともったいない。適切ではない場所に図版が入ってしまうと、逆にノイズとなり、読者の集中力を削いでしまうこともある。

図版の配置には、ページをめくる時の効果を考えます。対象の図版は本文よりも後に入れるのが基本。当たり前ですけど、ページをいったりきたりさせるのは、読者にとってすごくストレスになる。だからなるべく簡単に読ませる工夫をします。

　うちの会社の場合は組版を、ＤＴＰオペレーターではなく担当編集者が組むので、図版の位置を確認しながら、テキストを変更することができるという強みがあります。もちろん著者の了解のもとですが。

　縦書きの本の場合、図版は左ページに入れるのが基本ですが、種明かし的な効果を狙って右ページに入れる場合もあります。「こんなやつがいた」というようなテキストで終わって、次のページをぱっと開いたら、そいつの図版がある、というような手法です。漫画もそうですよね。見開きの左ページの最終コマに、次のページをめくらせるための引きとなるコマを置くというのは、ひとつのテクニックです。


　いまの時代、図版を多くすることが大切といっても、被写体となる取材対象者が、写真に撮られることを嫌がったり、たとえその場では撮らせてくれても、後から掲載されたくないと申し出てくる場合もある。特に草下氏の取材の対象者は、裏社会やアウトローなど、少し取り扱いが難しいケースも多い。潜入ルポ等の場合は、そもそも著者の撮ってきた画像が、無許可であったり隠し撮りのこともある。それを掲載するかしないかの判断もなかなかに難しい。攻めの姿勢を貫いて、トラブルを覚悟で掲載するか、それとも無難に避けるのか。

掲載するか否かの判断に関していうと、結局は法的にどうかということが重要です。肖像権を侵害するかどうかです。

実際に『ルポ西成　七十八日間ドヤ街生活』（著：國友公司）では、被写体からのクレームがありました。

この本は著者の國友さんが、大阪西成のあいりん地区で二ヶ月半暮らして、見聞きしたことをルポにしたものですが、企画を立てることになった経緯がちょっと面白くて。大学を卒業する直前のタイミングで、「御社で働きたい」と國友さんが手紙を送ってきたんです。わりとそういう問い合わせはよく来るんですが、いまどき手紙は珍しいので会ってみることにしたんです。

で、採用については会社として新卒を募集しているので正式の応募してくれっていうことを伝えると同時に、「卒論は何を書いたの？」と尋ねたら、新宿のホームレスを取材して論文を書いたと。でも、彼の通っていたのって筑波大学芸術専門学群（編註・筑波大学に設置されている学群の一つ。芸術の専門教育機関）なんですよ。それなのに卒論の題材がホームレスって、面白い人だなって思って。

國友さんは在学中からライターみたいなこともちょっとやってて、本を書きたいという希望もあるというので「じゃあ、西成に行ってそれをルポすれば？」と提案したんです。

いまは西成ってＹｏｕＴｕｂｅとかで紹介されて目新しさが薄れてしまったけれど、この本を作った頃はまだそこまでじゃなかったし、彼にはドラマがあったんですよ。7年間かけて大学を卒業したものの就職は決まっていない。そんな不安定な立場で同級生が働き始める四月一日に西成に行くって、ストーリー性がありますよね。

最初は西成滞在は一ヶ月の予定だったんですが、本人の取材にも熱が入って78日間になりました。おかげで『ルポ西成』はいい本になったし、彼のキャリアにもなったと思います。

と、ここまではよかったんですが、後日、本に自分の写真が掲載されているという方から、クレームが入りました。口絵に「タバコ1本20円で買い取ります」って看板を掲げている自転車と、そこでタバコを買っている男性の画像を採用して「タバコ一本を買い求めるホームレス」とキャプションをつけたら、本人を名乗る人物から電話がかかってきて「わしはホームレスじゃないんやけど、どないしてくれるんや」って。

もし本当にホームレスじゃなかったら申し訳ないので話を聞いたところ、相手もエキサイトしている……というかエキサイトしているふうに見せていると思うんですけど、結局お金が欲しいんだなっていうのが透けて見える。たとえホームレスでなくても「誠意見せろ」と言われて払う金はありません。真偽がわからないものに払うことはできない。だから少額訴訟をお勧めしたんです。

少額訴訟は60万円以下の小さな訴訟で、簡易裁判所でできるんですが、個人でも可能だし、僕自身もやったことがある。だから、全部レクチャーしますよとお伝えしました。「裁判所のしっかりとした判決が出たら、それは行政の出したものだから、こちらもお支払いできます」とお伝えしたら、「やってられるか!」って拒否されました。電話で話している途中で「電話代がもうない」って言うので「こちらからかけ直しますから電話番号を教えてください」と言ったら「電話なんてない」って、そのまま連絡はこなくなりました。やっぱり結局、金目当てだったのではと少し頭をよぎりました。

掲載リスクって、あるとしたら裁判に持ち込まれるっていうことですが、そういうのって訴える側からしても諸刃の剣です。公的に判決が出る。変なことをしている人が訴えると藪蛇になるから、滅多なことでは訴えてこないですよ。

キャプション

図版を入れる場合に実は重要なキャプション。図版に写っている対象や状況を、文字でよりわかりやすく説明するとともに、本文中には書ききれなかった情報を加える

ことで、読者の満足度を上げる役割もある。文字が小さいからといって手を抜くのはよくない。細部までこだわることで、本の出来がぐっとアップするからだ。

基本的にキャプションの役割は、主に「図版だけでは足りないものを補うこと」と「ちょっとしたプラスになる情報を入れること」です。

状況説明もあれば、こぼれ話を載せるパターンもありますし、事実を伝えるだけの端的なキャプションから、なぞなぞじゃないけど、写真とあわせてみると面白さが広がるものにする場合もあります。物語性のある写真か、情報としての写真かで違ってくるし、本の雰囲気によってどんなキャプションをつけるのかも変えます。

小さい文字なので、できるだけちょっとした面白さを入れたいとは思っていますが、編集者の主観を入れたキャプションは、広がりが出るけど誤解も出てしまうので、注意が必要です。

本のジャンルによってもキャプションの書き方は変わってきますね。『福岡県警工藤會対策課　現場指揮官が語る工藤會との死闘』（著：藪正孝）のキャプションは、正確性にかなり気を遣いました。ヤクザ系はふざけずに堅くするのが鉄則です。

一方で、『ルポ西成　七十八日間ドヤ街生活』（著：國友公司）は潜入ルポルタージュです。この本のキャプションは著者が書いてるんですが、わりと長めの文章でゆったりしたキャプションになっています。二行にわたっていたりして面白系。主に本文のこぼれ話パターンですね。國友さんの魅力がよく出ています。

ただ、基本的にはキャプションは著者の許可を得た上で編集者が付けることが多いと思います。

制作費用

書籍を作るためには、様々な費用がかかる。印刷所に払う印刷代、取材や著者との打ち合わせにかかる飲食費や資料代などの編集費、デザイナーに払うデザイン費、カバーや本文に使用するビジュアルに関する費用(イラスト・写真代など)に、校正者/校閲者(本文に誤字や事実誤認がないかを確認する専門家)に払う校正費、そして著者に払う印税だ。

必ずしも作った本が売れるという確証がない以上、できる限り予算を抑えて制作したいし、本が売れないいま、そもそも潤沢な予算が使える恵まれた制作環境もなかなかないだろう。彩図社ではデザインは基本的に編集者が行い、校正も社内で行うことでコストカットしているが、他の経費についてはどうなっているのか。

印税については、最初に著者に企画の提案をした時に話します。企画を進めていくなかで変更するケースもありますが、言った言わないで後に不要な争いが生まれないように、メールなりLINEなりでやり取りを残しておきます。

印税は刷り部数でお支払いする場合と、実売部数でお支払いする場合があります。仮に3000部の本を作ったとして、前者の刷り部数ならそのまま3000部分の印税が発生するのに対し、後者の実売部数なら出版後に売れた冊数を計算してお支払いします。

初回の印税は刷り部数で契約しても、重版分からは実売にしてほしいと交渉することもあります。当然ながら、刷り部数だと重版の時点で、刷った分だけ印税が発生するので制作コストが上がるからです。重版をかけるか、かけないかっていう判断が瀬戸際の場合、出版社側としては実売印税にすればリスクが減ります。増刷したはいいものの、売り上げが急にパタっと止まって、結果的に在庫を抱えてしまった……というのは業界ではあるあるですからね。

刷り部数で印税を払う契約だから、リスクをとって重版しないというケースもあります。刷り部数のほうが著者に金銭的なメリットはありますけど、重版まで見据えると実売部数のほうが有利な面もあるんです。著者側にも、重版がかかったほうが嬉しいという両者の利益の合致があるので、交渉の余地はあると思います。実際に『売春島』（著：高木瑞穂）は、実売部数での契約だったので攻めの姿勢で重版をかけられました。ちなみに著者の方から「印税率を下げてもいいので、広告を打ってほしい」と頼まれることもあります。

以前は印税といえば刷り部数の10パーセントが相場でしたが、いまは大手出版社でも、刷り部数で6パーセントだったり、実売印税での支払いのところが、増えてきている。世知辛いですが、出版不況に伴って印税支払いの形式が崩れて、印税は必ずしも10パーセントっていう時代じゃなくなってきているように思えます。

出版社ももうカツカツだから、印税を下げるのは暴利をむさぼろうというわけじゃないんです。できるだけリスクを減らして、出版が継続できるように経営したいわけで、そこはやっぱり著者と話し合って、お互いの妥協点を見つけつつ、きちんと納得してもらうことが大切だと思います。

カバーに使うビジュアルに、どこまでコストをかけるかを悩むことはありますね。

例えば日本の戦前の写真ってもう、著作権が切れているんです。だから戦前の写真を集めた写真集が、あちこちから出版されていたりもするんですが、それをスキャニングして図版として使うのは、引用の範囲内であれば法律的には問題ありません。けれども通信社にはもっと綺麗な写真が売っている。それを買うか否かは悩ましいところですよね。

特に書籍のカバーに使う場合は絶対に綺麗なほうがいいんで、「3万円かかるけど買うか」とか、本文中に使う図版なら「全部買うと30万円くらいかかるから、著作権が切れてるものを使おう」とか。みみっちい話ですけど、そうやってひとつひとつ判断していくことで、制作コストを削減しています。これは初版部数がどんどん減っている時代の編集者に大切なことだと思います。

四章

本が出来上がったら

刷り部数の決め方

刷り部数とは、実際に印刷する本の冊数のことである。何部刷るかは版元の判断になるが、その際には、出来上がった書籍の流通を担う〈取次〉がどれだけ仕入れてくれるかが、考慮される。本の取次事業を行っている会社は〈トーハン〉と〈日販〉の二大大手にくわえて、数社存在している。それぞれが取引のある書店やネット書店、コンビニエンスストアに、本を届けてくれるという仕組みだ。ゆえに、企画を立てて出版が決まった段階で、版元は取次にアポイントメントを取り、何部くらい仕入れてくれるか打診する。各取次の仕入れ部数を参考にして全体の刷り部数を決めるのだ。

彩図社では営業が回って書店で受注を受けた数と、ＦＡＸで全国から注文が入った数、あとはＡｍａｚｏｎなどのネット書店で、どれくらい売れるのか、在庫をどれくらい持つのかっていうことを考えながら部数会議で決めます。

すごく面白く出来上がって「これは売れる！」という自信があるものに関しては、事前に取次に「これくらい受注を受けているので」とデータを示したり「新聞に広告を打つので、多めに仕入れてください」と相談します。が、やはり適正が大事なので、2000部しか売れないものを5000部刷る必要はありません。ただ僕個人の指針としては、最低初版3000部は刷りたいところです。

もちろんターゲットを絞って高価格で売る本だったら少部数でもいいですけど、そうではなく不特定多数のマスに向けた本だったら、3000部も刷れないような企画はやらないほうがいい。

その一冊の本の制作販売に関わる人たち、編集者や営業、社長に役員って大勢の人の人件費が一冊で100万円くらいはかかる。だから一冊の本で最低100万円は利益が出ないと赤字になってしまいます。3000部が完売して100万くらいの利益なので、最低でも3000部は刷れないと出版というビジネスを継続することができなくなってしまうからです。

現在は書店数の減少やコンビニエンスストアでの書籍の販売の扱いが縮小されたりと、売り場面積がどんどん減っています。そのなかで一定の印刷部数を確保することが困難になってきている。5年前だったら、初版7000部刷れた企画が4000部ぐらいしか刷れなくなってきています。これは出版業界全体の構造的な問題なので解決することが難しい。そのなかでどうやって利益を出していくのかを考えていかなければなりません。

作った本をどうやって売るか

ほとんどの版元には営業部が存在する。書店を回って自社の刊行物をセールスし、平積みにしてもらえるように交渉をしたり、注文を取ってくることがその役割だが、Amazonをはじめとする ECサイトや、電子書店など販路が広がったいま、営業部はもとより、編集者もまた、新しい役割を担わされる立場となっている。

いま、彩図社の営業部の人員は3名。年々縮小傾向にあります。かつては出版社の利益の大半は書店での売り上げがしめていました。営業部員が回って売れた本の補充をしたり、広告展開をする材料があれば「いまが売り時です」とプッシュしていた。しかし、書店が減少したり、その一方で電子書籍のシェアが拡大しているなかで、従来の営業のスタイルでは立ち行かなくなってきています。時代に合わせた新しい営業方法をやっていくしかありません。

『地元最高！』（著：usagi）のグッズ展開や、ポップアップストアの案件、SNS戦略を立てる時なども、営業と連携して、営業部の仕事の幅を広げていくよう働きかけています。これからの営業部は、リアル書店の営業だけじゃない方向に向かわないとダメだと思っています。

むしろ本を作って売り、会社を存続させていくためには、営業部はもちろんですが、編集者も売り方や販促を考えることが必要です。そこまでやるのが編集者という職業になってきていると僕は思っています。かつては編集者の仕事は本を作ったところで終わり。販売に関わったとしても広告戦略を立てるくらいで、後は営業部に書店を回ってもらって、というのが通例でした。けれどもいまは、刊行までの間にどう告知するか、刊行された後にどうやって数字を伸ばしていくかまで、編集者の仕事。本を売ることが難しくなっているからこそ、営業部はもちろん、編集者も自ら、「売り方」の戦略を立てることが、すごく大切になってきてるんです。

イベントやサイン会で売る

SNSなどで告知・集客をしやすくなったこと、また都内にトークライブなどのできる会場が増えつつある状況もあり、最近では刊行に際して著者がトークイベントなどを企画したり、出演することが増えている。読者に直接本を渡せるメリットは大きいが、集客が少ないと赤字が出てしまう可能性もある。

トークイベントやサイン会で売れるかは、著者のネームバリュー次第といったところでしょうか。例えば『野良ニンゲン　ＲＥＤ　ＳＰＩＤＥＲ　ジュニア自伝』（２０２３年８月）の著者であり、ジャパニーズレゲエ界の重鎮のジュニアさんは、育った家が貧乏で、母親が失踪していたりと複雑な家庭環境だったのですが、レゲエと出会ってやがてトップスターとなり、武道館でライブをするまでのぼりつめた方です。『裏社会ジャーニー』がきっかけで知り合って「本を作りましょう」って言われて、彼の自伝であれば、いまつらい境遇にある人たちに希望を与えてくれ、これから生きる勇気を持たせてくれる、意義のある本になると考えて企画することになったんですが、実は僕はあまりレゲエの世界については知らなくて。

　で、やりとりをしながら制作を進めていくなかで、ジュニアさんが、自分の持っているＫＡＥＲＵ　ＳＴＵＤＩＯというレーベルのなかのオンラインショップで販売するので、何冊か買い取りたいっていうことになって、「何冊必要ですか？」と受注を取ったら１５００冊も買ってくれたんです。そのうち３００冊はサイン入りにして、さらに先行発売にしたいというので全面的に協力して、発売前に重版がかかることになりました。ヴィレッジヴァンガードなんばパークス店でサイン会もやったのですが、事前に１００冊配本したら、たちまち完売です。

　やっぱりサイン会は、ジュニアさんやＤ．Ｏといったアーティスト、人気のある有

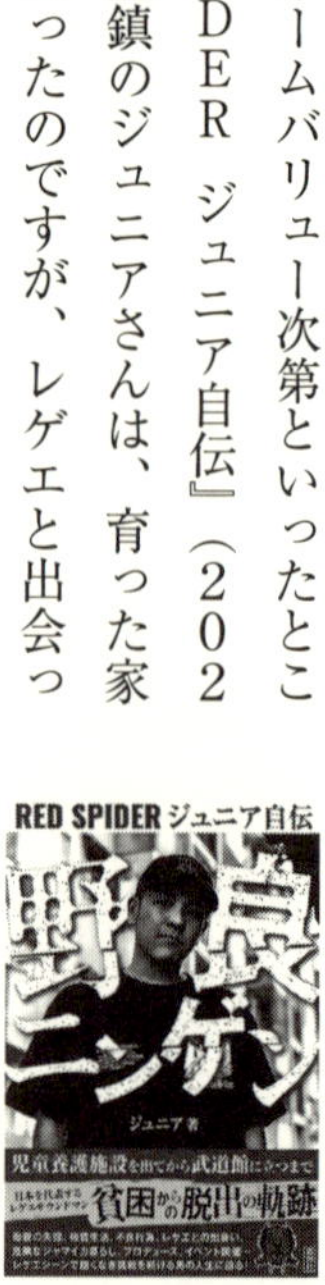

「野良ニンゲン RED SPIDER ジュニア自伝」
（著・ジュニア／2023年8月／彩図社）

名人など、根強いファンのいる人の場合は効果があります。僕の作った本でいうと麻雀本の著者も反響がある。いまはプロスポーツとしてファンが多いので。

渋谷のＭＡＧＮＥＴ by ＳＨＩＢＵＹＡ１０９で開催した『地元最高！』のポップアップストアも大盛況でした。あの時はサイン本に加えてオリジナルグッズも合わせて、ショップと事後の通販で７００万円くらい売り上げました。

グッズはライターやアクリルキーホルダー、アクリルスタンドにスウェットなど。どれも売れましたが、特に人気が高かったのは、キャラクター別の直筆イラスト付きサイン本でした。ｕｓａｇｉさんにバックヤードで延々とイラストを描いてもらったんですが、すでに『地元最高！』を購入済みの人であっても、好きなキャラの描かれたサイン本はやっぱり欲しいってことで、何百冊も売れました。

ｕｓａｇｉさんはめちゃくちゃ疲弊していましたけども、好きなキャラの描かれたサイン本を手に入れるっていうことが、読者の方たちがポップアップストアに来る強い動機になった。まさにお宝サイン本だと思います。

ファンの人には、著者の手の加わったものが欲しいっていうファン心理がある。だから、ものによってはサイン本はすごく効果的です。

発売後のトラブル

これまで、他社では絶対に真似できない刺激的なテーマの本を多く作ってきた草下氏。本が出た後にクレームが来たり、言い掛かりのような苦情が寄せられることもたびたびだ。しかしネガティブな反応を恐れていては、面白い本は作れない。実際に発売後にトラブルになることももちろんある。

《裁判になったケース》

『ついていったら、こうなった キャッチセールス潜入ルポ』（著：多田文明）は、取り上げた企業から訴えられました。音声の速度の速いテープを聴くことで脳の活性化をはかるという「速聴」の教材を販売している企業でした。

本の中では、企業名は隠したんですけど「速聴」という言葉は使っていたんです。その言葉が商標を取っていたとかで、会社名が特定できること、さらにその会社の社長は、本当に自社商品の効果を信じていたので、本に書かれていることは言い掛かりだ、と訴えてきた。

当時、僕は25歳で、これが人生で初めての裁判だったんですけど、やっぱり訴状が届いて実物を目の前にしたら「うわぁ！」って焦りましたよね。回収しろとか賠償金をどうしろって書いてあって、やばい！　と思ったけれど、冷静に考えると裁判について勉強できる貴重な機会でもある。社長に「僕に最後までやらせてください」ってお願いして、弁護士と一緒に裁判に臨むことになりました。

裁判に臨むにあたって僕は、その企業で働いていた人を探し出して、話を聞かせてもらうことにしたんです。そうしたら営業の歩合の比率が、すごく高いことが判明しました。そうなると悪質性が高いという主張ができる。

さらに裁判の最中、著者のところにまた勧誘の電話がかかってきたんですよ。「しつこい勧誘はしない」っていう証言が向こうの訴状に書いてあるにもかかわらず、しっかり勧誘を断って、さらにはその顛末を本にも書いている著者のところに再び勧誘の電話をするって、言ってることとやってることがまったく違う。

通常の民事裁判では、どっちにも非があることが多いので、１００対０の判決が出るケースってほとんどないんです。訴訟額の10％で済めば勝ちくらいのイメージなんですけど、この裁判では、僕たち側が１００で勝ちました。賠償金は０。向こうは控訴したんですけど、すぐに取り下げました。

しかし、ここで大ポカをするんです。いままでずっと裁判に通っていたのに判決日を見落としていた。判決後に著者の多田さんから電話をもらったんです。淡々と「裁判の件ですけど」「え?」みたいな、それで「あ! 判決忘れてました」と、その日だけうっかりしていました。

完全勝訴という形にはなったものの、訴えられただけだと損です。弁護士費用はかかってしまったので悔しい。なので文庫化する時に、裁判の顛末を記すことでなんとか元を取りましたよ。

そうやって訴えられた経験が、編集者として働き出した初期にあったおかげ……というのもおかしいですが、以後は脅しが来たところでどっしり構えていられるようになりましたし、取材対象者が裁判を受ける場合なんかは、僕自身の裁判についての知識や経験が役立つ部分があるので、やっておいてよかったですね。後輩には「一回ぐらい裁判しておいたほうがいいよ」と言っています。

《裏社会の人からのいちゃもん》

裏社会の人からは、裁判ではなくダイレクトにクレームが来ます。ちょっとした記述間違いについてや「うちの組織のことを悪く書いてある。実害が出たがどうしてくれるんだ」とかの言いがかりですね。こうした場合、争うべきことでもないので話を聞いて終わらせるようにします。25、6歳の何も知らない頃は、必死に話を聞いていたと思います。一言一句、気を抜いてはいけないと思っていたのですが、そうなると疲労困憊します。その後、クレームをいくつも受けていくと慣れるというか、なんとなく相手のやり方がわかるようになってきます。言いがかりはそもそも正当性がないので冷静に対処されたら困りますよね。そこで恫喝なり脅迫なりをして、こちらに何も言えないようにしてから要求を呑ませるのが常套手段です。

電話で言いがかりをつけられていた時、受け流しながらパソコンで仕事をしていたら、向こうが「聞いてんのか?」って凄んできたことがあって。「ちょっとよくわかんなかったんでもう1回、言ってもらっていいですか?」って返したら「お前、バカなのか」と。「あの、言いたいことがあるなら、バカにもわかるように話さないといけないと思うんで、もう一度説明してください」とお願いしたら「お前じゃ、話にならないから上司を出せ」っていうので「正直、あなたが何を言ってるか、まったくわかんないんで、そんなんじゃ電話を取り次げないんですよ」とかいなしているうちに、向こうも何を言っても無駄だって気が付いたのか、諦めてくれました。

けれども、もう少し知恵がある人は、行政機関や人権団体といった外部を巻き込む。相手が嫌がることをするのがコツだって理解しているので「差別的なことが書かれているから、しかるべき機関に働きかけて、有害図書にして回収するぞ」とか「人権問題だから、人権団体に訴えるぞ」とか。前者に比べれば、クレームとしてちょっとグレードが高いですよね。

そういう時は「別にいいので、やってみてください」って対応します。やられて、結果、ダメだったら仕方ないし、裁判と同じで損害があっても、その後の人生のために勉強になったほうがいいじゃないですか。そもそもこちらが正しいか、間違ってるかもわからない。

いちゃもんに屈して、謝らなくていいところで謝って、矛を収めようとしておかしなことになるよりは、やりたいのならばやってみてくださいってスタンスで応じることにしています。

《取材協力者からのクレーム》

『ルポ西成』（著：國友公司）では、取材協力者に関する、ちょっとしたトラブルもありました。

著者の國友さんに西成のあれこれを案内してくれた坂本さんって方がいるんです。その人とのエピソードで一章まるごと割かれているくらい、この本にとって重要人物なんですが、出版した後で、國友さんが「坂本さんが怒っていて大変なことになってる」って僕のところに慌てて連絡してきた。

事情を聞いたら、ルポを書くことや撮った写真を掲載する許可をもらってたけど、一枚だけ、まったく誰だかはわからない後ろ姿の写真を掲載する許可を取っていなかったと。「この写真は、載せてるとは聞いてないし、西成ではこの写真が大問題になって、もう俺はもう西成歩けへんわ」とか言われたらしく、國友さんが怯えながら僕に連絡してきたので「あー、わかった」と、すぐに坂本さんに連絡したら「ちょっとからかっただけだ」と。

國友さんが慣れてなくて臆病だったことで、揉め事っぽい雰囲気になっちゃった。でも、その頃、ちょうど『ルポ西成』を文庫化する計画があったんです。四六判を出した際に、坂本さんにはなんの謝礼も払ってなかった。だから、ちょっと特別だけど、一章まるまる取り扱っているし、文庫でもそのまま使うからって、一応覚書だけかわして、取材協力費を払いますということで双方納得しました。現実的な解決手段だったと思います。おかげで坂本さんとの関係は続いて『裏社会ジャーニー』にも出てもらいましたし、國友さんとも元通りに仲のいい付き合いを続けています。

《読者からの言いがかり》

『毒のいきもの』（2007年7月　著：北園大園）という、フグやスズメバチ、海外の珍獣なんかの有毒動植物を紹介した本を作ったんですが、その中で、キャバクラ嬢について言及していたんです。それを読んだオカダという男性読者から、いきなり会社に電話がかかってきて「俺の彼女はキャバ嬢なんだけど、これ職業差別してるだろう！」と怒鳴りつけられたことがありました。

「いいえ、してないですよ。なんでそう思うんですか」って、いつもの感じでいなしたんですが、「とにかくお前のところに行く。もう電車で向かってる」と。雰囲気から「あ、これは本当に来るな」と思ったので、社員たちに「僕が対応するけれども、興奮していたから、なにを持ってくるかわからない。非常階段口の近くに待機して、なにかあったらすぐに逃げろ」と指示しました。

ところが、ふつうはエレベーターであがってくると思うじゃないですか。しばらくしたら、非常階段の扉をどんどん叩く音がしたんです。「そっちから来たのか！」って意表を突かれつつも、慌ててみんなをエレベーター側へと逃がした後、非常階段の扉を開けたら20代後半くらいの、金髪のサイヤ人みたいな男が立っていて「オカダが来たぞ――――！」って叫びながら入ってきて。

「毒のいきもの」
（著・北園大園／2007年7月／彩図社）

なんだこいつ、めっちゃ面白いなと思いつつ「どうぞ」って中に案内したら、肩をいからせながら入ってきたもんで、近くに積んであった紙の束にあたってバサバサと落ちたんです。

「おい、なんでこんなところに積んでんだ！」とか言うので「あなたが落としたんだから拾ってください」って言ったら「なんでだ！」「え、だって落としたのはあなたなんだから、自分で拾ってください」とくりかえしたところ、しぶしぶ拾って戻して。

「こちらへどうぞ。言い分を聞きますよ」と言って打ち合わせスペースに案内してテーブルで向かい合ったとたん、「……もう大丈夫です」ってしゅんとしちゃって。なので「お腹減ってるの？」と聞いたら頷いたので「じゃあ、ちょっと飯でも食いに行くか」と。

　オカダはいわゆるチンピラで、それまでクレームをつけた会社の中には、オカダを追い払うためにお金を払ったところもあったらしくって。

　それで味をしめちゃってたみたいなんですけど、僕を見た瞬間に「この人からはお金が取れない」ってわかったらしく、さらに紙を拾わされて「完全に負けた」って観念したそうです。その後、オカダとは何回か遊んだんですが、いまは音信不通になっちゃいましたね。元気にしてるのかな。

《著者の逮捕》

僕の作っている本の性質上、著者がたまに逮捕されます。『悪党の詩』のD．Oもそうだし、『雑草で酔う』の青井さんもしかり。

D.Oの場合は逮捕の理由が薬物で、人に危害を加えての犯罪じゃないってことと、彼のライフスタイルを踏まえると、本の内容とは矛盾していないということで、むしろ逮捕のエピソードを追加して出版しました。大手出版社では出せなかったと思います。そして実際に出版してどうなったかというと、クレームは1件もありませんでしたね。この手の出版自粛はほとんど自主規制ということがわかりました。

『雑草で酔う』の青井さんの場合もそうですね。内容は見直して、読んでも真似ができないように注釈などを変えるっていうことはしたけど、販売は継続して、著者にお金が回るようにしました。

しかし、被害者がいる場合は違います。風俗嬢のインタビュー本を出していた著者が「ホテルで取材させてくれないか」というようなことを言って、実際にホテルに連れ込んで性加害をしていたことが発覚したケースがありました。これはすぐに絶版にしました。

献本はもうあまりしない

本が出来上がると、取り上げてくれそうな各メディアに送る習わしが〈献本〉だ。近頃では、ＳＮＳ上で拡散力のあるインフルエンサーや、フォロワーの多い同業者などに献本することもある。が、もちろんコストがかかるし、必ずしもフィードバックがあるとは限らない。する意味はあるのだろうか。

最近は献本をあまりしなくなりました。以前は雑誌編集部や新聞社、テレビ局にも送っていましたが、基本的には取り上げてくれないし、よっぽどいい紹介の仕方ならともかく、メディアにちょこっと出たくらいだとあまり数字も動かない。メディアの力がネットに流れているように感じます。

ただ『地元最高！』（著：ｕｓａｇｉ）の時は、知り合いでＸのフォロワー数の多い人でかつ、僕と『地元最高！』のアカウントの両方をフォローしてくれている人、「この人は好きで読んでくれてるんだな」って人たちをピックアップして送りました。いまは献本はメディアに対するものよりも、そういうＳＮＳ型献本が主流なんじゃないでしょうか。

いわゆるSNSのインフルエンサーに送る形ですが、それでも誰に献本するかは考えますね。僕は献本することが、相手にとって圧力になるのが嫌なんです。僕もよく送ってもらうんですが、率直に「SNSで紹介してくれ」と言われるのは気持ちがいいけれども、そうではなく微妙な圧があるような感じで言われたりするとちょっとな、と……。

自分のタイムラインが他人の宣伝ばっかりになっちゃうのが、嫌だって考える人も多いと思うんですよね。そういう人の場合は、取り上げてもらえる確率も低いんじゃないでしょうか。

親しい友達とかで「読みたいだろうな、興味あるだろうな」って人には「宣伝ポストとかしなくていいよ」と一筆書いて送っています。それでも取り上げてくれる人もいますし、僕は期待というか、色気は見せないようにしています。

これは生き方、信条の話ですけど、こっちが取り上げると、相手もお返ししてくれるっていうのが人間関係じゃないですか。そのバランスが悪くなるとおかしくなっちゃいますよね。ギブアンドテイクが回っていれば上手くいく。だから、こっちも向こうのなにかを取り上げるような関係性であればいいんですけど、向こうばかりが取り上げてくれる場合は、あまりよろしくない。

具体例でいうと、コスプレイヤーのりんごみつきさんって方がいるんです。ちょっと露出の高いコスプレをしていたりする面白い人ですが、僕の作品や作った本をよく読んでくれていて、献本するとよくXで取り上げてくれるんです。みつきさんのXのフォロワーは30万人以上いるので、もちろんありがたいんですが、りんごさんのポストを僕がリポストするのは、ちょっと憚られるんですよね。だから、いつも「申し訳ないのですが……」っていう送り状を付けて送ってます。

送り状を付けるのはりんごさんだけじゃありません。送る人には基本、ひとりひとりに向けてメッセージを書いてます。よくある謹呈の一律の文章では送ったりはしません。たった数行かもしれないけど必ず、その人に向けての手紙を書きます。

僕のところに送られてくる本にも、著者さんからのメッセージが入っていると、やっぱり嬉しいし、軽く見られていない感じがするじゃないですか。本を売ることも大事だけど、人間関係も大事なので「あなたをＳＮＳの数字を持っている、ただ本を取り上げてほしいだけの存在として見ているわけではないよ」っていうことは言いたいので、気持ちを伝えることにしています。

五章

本を売るために。

草下シンヤの逆転の発想

本の作りそのものを変える

本の企画を立て、作って売る。この「売る」ということは当然、儲けを出すということだ。制作にかかる経費を抑えれば抑えるほど、もちろん利益は増える。彩図社の場合、デザインや校正を自社でまかなうことで、通常よりもコストをカットすることに成功している。そして草下氏はかつて、大胆にも本の作りそのものを変えることで、さらに経費削減を行った。

彩図社で出す本は99％、ソフトカバーです。カバーを取った一番外側の紙＝表紙がやわらかいのがソフトカバー、対して紙が硬いのがハードカバー。単純にソフトカバーのほうが原価が安いんです。いまは有名作家の文芸書とかでもない限り、ハードカバーで出版されるケースは少ないんじゃないでしょうか。

彩図社には新書のレーベルがないので、選択肢としては文庫（106×151㎜）か四六判（128×188㎜）かA5サイズ（148×210㎜）が主になります。それぞれ本の大きさが違いますが、読み物系は四六判、コミックエッセイや実用書はA5が多くなりますね。A5サイズの場合は、判型が大きいぶん、ビジュアルを乗せやすい。加えて、128ページくらいから作れるのもA5の特徴でもあります。判型が大きいから少ないページ数でも恰好が付くんですね。

　四六判だと192ページ以上は欲しいですが、この判型のメリットは現在、市場に流通しているサイズの中で最もポピュラーということですね。なので、四六判は書店で平積みしてもらいやすい。書店としても同じ判型の本でそろえたほうが並べやすいんですよ。

　文庫に関していうと、うちの文庫は、束を出すために少し厚めの紙を使っています。特にページ数が少ない本の場合、薄い紙を使うと束が出なくて（薄い本になって）、価格を低くせざるを得なくなります。それに比べて厚いほうが定価を上げられるので、版元としては助かるんですよ。ちょっと姑息な技ではありますが。


　僕は20年くらい前にいろいろな改革をしました。

　当時は、市場に流通しているソフトカバーの本には、本扉（タイトル・著者名・出版社名などが印刷されたページ）がついているのが通例でした。表紙を開くと、見返し（後述）があり、その次のページには本文用紙とは違う別丁（本文とは別の付属印刷物）の、ちょっと上質な紙を使った本扉がほとんどの本についていました。

　でも、僕は本扉で本を買うと決めたことがないって気が付いたんです。だったら、わざわざ付ける必要もないんじゃないかと。考えてみたら、本扉の次は本文なので、本文の1ページ目を本扉にすれば、別丁を取ることが可能です。要は、本文用紙を本扉に流用するわけです。

試しに本文用紙を本扉に流用したパターンの製本の見積もりをとったら、5000部で3万円くらいはコストカットできることがわかった。本扉を別丁にするのは出版業界の慣習みたいなものですし、本の良し悪しと無関係なのであれば、別に高級な紙を使う必要はないんじゃないかなって、以後、本文用紙を使うことにしました。

見返しというのは、表紙と本文の間にある紙のことですね。2枚あって、1枚は表紙に接着して補強する役割、もう1枚は、本文と表紙の間に出す「遊び」にします。本の表紙をめくったとき、最初に本文用紙とは違うやや厚めの、色がついた紙が出てくることがあるでしょう?　あれが見返しです。

見返しについてもタント紙などの少しいい紙を使うことが多いんですが、うちは色上質紙っていう安い紙を使っています。これも理由は同じで。わざわざ高い紙にする必然性がないからですね。

本扉や見返しはコストカットしたぶん、帯については見栄えを優先させる試みをしました。帯というのは、本の魅力をアピールするためにカバーの上から巻く紙のことで、キャッチコピーや宣伝文句、時には著名人が帯文を寄せたりします。カバーと同じく、帯に魅かれて買う人も多いので重要な部分です。

帯はかつては単色が多かったんですが、どうせカバーを刷る時に四色で版を組むんで、同じ面付けにすれば四色で帯が作れる。要するに、帯とカバーを同じ紙にして、一緒に刷ったら四色にできるよね、という話です。そう、当時の帯はカバーとは別の紙を使って、別の機械で刷っていることが多かったんです。

カバーと帯を同じ紙で一緒に刷る方法は、業界用語で「付け合わせ」と言います。付け合わせだと、それまで使っていたペラペラの帯の紙よりもちょっと質のいい、カバーと同じ紙で刷れるから見栄えも良くなるし、刷版の関係で印刷効率も良くなるから、値段も安くなる。コストカットするところはカットしつつも、表紙まわりの売り上げにつながる部分のクオリティを維持することは大切です。

売り場を拡大する

いまではあまり見かけなくなってしまったが、かつてはコンビニでは雑誌以外の本も売られていた。当時、彩図社はコンビニ向けの書籍を展開していたが、限られた売り場スペースを他社の書籍と奪い合うなかで、草下氏はあるアイディアを考えて、スペースを広げることに成功した。

いまも昔も、コンビニで本を売る場合は、コミック棚に棚差しで並べることがありますが、15年ほど前、うちはコンビニエンスストアと取次と協力して、雑誌の棚にひっかける什器《じゅうき》での販売を始めました。什器というのは本来、家具や道具、食器などを指す言葉で、コンビニの場合は商品陳列のための展示台だと思ってもらえたらいいと思います。

皆さんも雑誌の棚のところに、紙などでできた箱のようなものが引っかかっていて、その箱に何冊か本が陳列されてるのを見たことがありませんか。有名なところだと、占い師のシリーズ本なんかが什器で売られてますね。実は彩図社は什器を改良しながら大きく展開していた会社です。

その頃は出版の景気もよかったので、一冊につき８０００部とかを平気で仕入れてくれていました。什器には最大で６冊並べられたので、それだけで４万８０００部が、市場に出回ることになります。

ただ、次第にコンビニの雑誌も売れなくなっていったんですよね。昔は立ち読みを

彩図社で実際に使われていた什器

してもらうために店に入ってもらって、ついでに何かを買ってもらうっていう流れもあったので、売れなくなっても我慢して本を置くスペースを割いていたけど、近頃は、雑誌はテープでとじられているし、漫画を読むのもスマホが主流になり、立ち読みという風習が廃れてきた。そもそも僕も子どもの頃はしていた立ち読みを、大人になるにつれて恥ずかしいと思うようになり、しなくなりました。

出版社もコンビニも取次も努力して棚を残そうとしているのに売り上げはどんどん下がっていく。そんなジレンマが続いてコンビニの棚は大きく縮小されることになりました。雑誌をベースに出版事業を行っている出版社には大打撃です。地方の一部のコンビニでは、町に少なくなった書店の役割を担うため、書籍をたくさん仕入れてくれたりしています。とてもありがたい試みですが、今後ますます書籍や雑誌のコンビニ市場は縮小していくと考えたほうがいいでしょう。実際に来年3月、日販からコンビニへの雑誌や書籍の配送事業を受け継ぐトーハンは、日販が配送しているローソンとファミリーマート計3万店のうち、2万店しか引き継ぐことができないと報じられています。

電子書籍への対応

2017年に漫画単行本の電子書籍と紙の売り上げが初めて逆転した。もはや出版業界は、紙の書籍と電子書籍を同時に販売する「サイマル配信」は必須といえる状況にある。2024年1月に全国出版協会・出版科学研究所が発表した出版物販売金額のデータによると、紙の書籍も雑誌も売り上げが下がっているなか、電子出版市場の売り上げは前年比6・7%増、市場占有率は33・5%とすでに出版物全体の売り上げの3分1まで迫ってきている。紙の本が売れない出版不況下において、電子出版は救世主となれるのだろうか。

紙の本の売り上げが落ちている以上、出版業界は電子出版に注力するしかありません。以前だったら初版といえば5000部は刷るっていうようなイメージがありましたし、力の入った書籍だったら1万部とかも、ざらにありましたけど、今は3000部からってスケールの世界になってきちゃってるんで。半分とまではいかないけれど、体感として初版の刷り部数は六割ぐらいにまで減っています。

書店の数もどんどん減っていき、売り場自体が減少してて、全体的に景気も悪いので仕入れてもらうのも難しく、売れた本を伸ばすことでさえもやりにくくなっているのが実状。20年くらい前からすると、紙の本の部数は3分の1になっている印象です。
　それを補う一つのものが電子書籍です。そもそも紙の本というのはデバイスの一つの形です。紙にインクで文字を入れているというデバイスであって、いまはそのデバイスが、スマホなりタブレットなりPCなりになった。それに応じて、情報を作ってる我々は必然的に電子にも対応するべきなんです。けれど、活字モノは、そこまで電子には流れてないという実状もあります。

　前出のデータによると2023年の電子書籍の売り上げは440億円。ライトノベルや写真集は比較的好調であるものの、文芸やビジネス書、実用書などは不振だという。一方で電子コミックの売り上げは4830億円。実に電子出版市場における電子コミックの市場占有率は90・3％となる。

　活字はスマホや電子書籍リーダーで読むには、文字が小さい。もちろん大きくもできるんですけども、そうすると一ページに表示される情報量が少なくなる上に、たびたびページをめくらないといけなくて煩わしい。ちょっと直感的じゃない感じがある。紙の活字本の落ち込みを電子で補わなければいけないんだけども、そう簡単にはいかないだろうなというのが現実です。

その上で、どうすれば電子書籍が売れるのかってことを考えていかなくてはならない。例えば、ウェブメディア、具体的には文春オンラインとか集英社オンライン、東洋経済オンラインなどの編集部に働きかけて、書籍の一部の抜粋記事なりを掲載してもらうと、電子の売り上げが伸びたりもする。ウェブ記事は電子書籍と相性がいいんです。

あと電子書籍でも、やっぱりケレン味があるやつは強い傾向にあります。『ルポ歌舞伎町』『常識として知っておきたい裏社会』などは電子ですごく売れました。だからやっぱり企画なんです。

もうひとつは、ＡｍａｚｏｎのＫｉｎｄｌｅ Ｕｎｌｉｍｉｔｅｄ。日本の出版は再販制度があって紙の本は定価を崩せないんですが、電子には再販制度がない。だからセールに合わせて値段を下げることもできるどころか、ゼロ円にもできる。

作家側の目線だと、自分の著作が無料になるのが嫌だっていう人もまだいるんですけど、有料の電子書籍が停滞してしまっている状況でも、Ｕｎｌｉｍｉｔｅｄに入れると再び動くことがある。Ｕｎｌｉｍｉｔｅｄは、読まれたページ数に応じて支払いがされるシステムなので、ある時期が来たら読み放題に入れることで、再び数字も動く。読者はサブスクと同じ感覚なので気軽に読んでくれるし、Ｋｉｎｄｌｅ Ｕｎｌｉｍｉｔｅｄに入っていない人は、どっちにしてもお金を出して電子書籍なり、紙の本なりを買ってくれるわけなので、入れたほうがいいと思いますね。

Ａｍａｚｏｎをはじめとする電子書籍販売サイトでは、個人でもリリースすることが可能だが、出版社の多くは書籍や出版物の電子化から電子書店・電子取次に対する配信、プロモーションまでを担う『株式会社出版デジタル機構』など専門の取次を通して流通させている。作家自身が自らの著作を電子出版する「自己出版」も流行りつつあるが、版元経由で取次を通した場合には、フェアなどでプロモーションをしてもらえるというメリットがある。

かつては紙の本を電子書籍にする際には一冊あたり数万円の費用がかかったために、売り上げが見込めない本に関しては電子化を躊躇する風潮もあったが、様々なツールが開発されたいま、専門の業者に頼んでも数千円で電子書籍化できるようになった上に、その制作までの期間も短縮され、紙の本の発売と同時期に出せるようになった。より容易に制作できるようになり、かつ市場が広がりつつある電子出版は、出版業界に残された希望のひとつといえるのではないだろうか。

編集者とSNS

Xのフォロワー数が13万6000人超えの草下氏は、いわゆるネット上のインフルエンサー。その認知度や影響力が、本作りや販促にフィードバックされている側面もある。が、もちろん漫然と勝手にフォロワーが増えていったわけではない。そこには独自の戦略があった。

Twitter（現X）は2010年くらいの初期の頃、マルちゃん（丸山ゴンザレス）に教えてもらって、登録だけはしてあったけれど、あまり利用はしていない状態でした。編集者は、あまり表に出るものではないっていう考えがあったんです。

しっかりと運用してみようと考えたのは、漫画の原作を担当した『ハスリンボーイ』（刊：小学館　原作：草下シンヤ　漫画：本田優貴）がきっかけですね。

『ハスリンボーイ』の、ハスリンという言葉は、非合法な商売で稼ぐことを意味しています。僕には、足のつかない携帯電話や銀行口座、他人名義の身分証、名簿だったりを手配する裏社会の「道具屋」という仕事をしている友達がいるんですが、彼から詳しい話を聞いたらめちゃくちゃ面白かったんで、彼をモデルにして書いた作品で

「ハスリンボーイ」1巻
（原作・草下シンヤ、漫画・本田優貴／2018年7月／小学館）

す。彼、連載が始まる直前に逮捕されちゃったんですけどね。

　この作品、連載がスタートして電子書籍ではそこそこ売れていたものの、紙の本の売り上げはあまりよくなかった。内容に関しても、犯罪を扱っているということもあってSNS上で批判する声も多かったのは仕方ないとしても「原作者がきちんと取材していない」という批判もあったんです。最新の取材をしていたのですが、僕自身の発言力がなかったこともあって、世の中に受け入れられていなかった。

　結局『ハスリンボーイ』は、想定したラストまで行き着けない形で終わってしまったのですが、内容自体は面白いと思っていたんですよね。それが納得のいく形で終わることができずにとても悔しかったです。

　ファンとまでいかなくてもいいけど、もう少し自分の言っていることを拾ってくれる人、本当のことを本当だってわかってくれる人がいれば、もう少し状況が変わったんじゃないかって。「編集者や作家も、引っ込んでいる時代じゃない」って考え直してフォロワー数を伸ばすことを決意したんです。２０１９年の頃です。

　しかし「伸ばそう」と思っても、フォロワー数は伸びるわけではない。人々の興味を引いて「フォローしよう」と思わせるポストが必要とされる。草下氏はどのような戦略を取ったのか。

絵や写真はフォロワー数が伸びやすいんですが、テキストは難しい。だからまず、アカウントの属性を明確にしようと考えました。当時、流行っていた「なになにしてるなう」とかの日常的なつぶやきは、人に興味を持たれないし、アカウントの属性がわからなくなっちゃうのでやめました。その代わりに、僕は知っているけど、みんなが知らない情報を活かそうと考えた。僕の場合はヤクザとかドラッグとか危険なもの、裏社会系に特化することにしました。

けれどもやっぱり、ヤクザのことを書くのはリスクもあります。知り合いの取材対象者が見ていて、最初はチクチクとクレームを入れられたりしました。「俺のことを書くなよ」とか。「すみません、許してください」って謝って「ちょっとTwitterを頑張ろうと思ってるので、つぶやける話、なにかないですか」「この怒られたって話は書いていいですか」とか言うと「いいよ、書いて」と許可してくれたりして。そういうふうに、属性を固めて運営を始めたらフォロワー数が伸び出しました。

プロジェクトとして10万フォロワーまで伸ばそうという目標があったし、仕事の側面でやっていたので、運用法はしっかり考えました。

まず投稿は一日二回。自分の属性に合ったツイート（ポスト）を昼と夜にする。インプレッションやいいね数、リツイート（リポスト）などのアクションが伸びやすい時間帯があって、そこにタイミングを合わせる形です。具体的にはまずは朝の7時から8時くらいの通勤時間帯。そしてお昼。あとは夕方の18時や19時のあたりが伸びやすい。夜中の1時を過ぎると伸びないですね。３時とかになると本当に落ちます。

一日二回のツイートを基本に置きつつも、投稿がバスっている時に後から別のツイートをすると、せっかくバズっている投稿が下に行ってしまって目立たなくなるので、次のツイートは一回スキップして、タイムラインを少しの間放置しておいたり、タイミングを見てリツイートしてインプレッションを伸ばしたりしました。逆に全然伸びない投稿は、タイムラインに置いておく意味がないので削除することもありました。

ツイートの内容自体は、情報なり事件なりを伝えるってことを意識していたので、最初の頃はネタに苦労しましたけど、いろいろ考えて、世間を騒がせているニュースを自分の知っている情報で読み解くっていうことをし始めたら、さらにフォロワー数が伸びましたね。

裏社会系という、人々の好奇心をくすぐる情報を日々発信する一方で、草下氏は作家として過去に執筆した作品を投稿。しかも、ただテキストを投稿するだけではなく、とあるアイディアをプラスすることで、フォロワーを増やすことに成功した。

すごく昔に、趣味で書いたドラえもんのパロディの小説があったんですよね。登場人物がみんなジャンキーの『ウラえもん　ろひ太のケミカル西遊記』って作品なんですが、版権ものだから絶対に本にはできない。ただ、けっこう面白い作品に仕上がって、自分では気に入ってたんです。これはＴｗｉｔｔｅｒのネタにいいなって思いついたんですが、テキストだけだと面白くないし、フォロワー数も伸びないだろうと。どうするのがいいのかを考えた時に、以前から交流のあった漫画家のキメねこさんに、挿絵を描いてもらおうと思いついたんです。キメねこさんの作風は、猫がいろいろな薬物を試すっていうものなので、この作品にピッタリだなって。

その当時の僕のフォロワー数は5、６０００人でしたが、キメねこさんは10万人くらいいたんです。なので、イラスト代をお支払いしてイラストを描いてもらい「ちょっとアカウントのフォロワー数を伸ばしたいから、リツイートしてください」という感じでお願いしたら、一気に１万人くらいフォロワーが増えましたね。

そういう運営を二年間、徹底してやっていったらフォロワー数が順調に伸びていって10万を超えました。目標をひとつクリアしたので、いまは比較的のんびりと運営しています。ポストする時間帯も適当です。僕のアカウントは、ある程度注目されるようになってしまったので、下手なことをポストするとトラブルになりかねない。以前よりもずっと慎重にならないといけないというか、あまりふざけたことが書けなくなってしまった。けれども日々、なにかしらの投稿はしたいから、裏社会の人たちと接することで出てきた自分なりのライフハックや、人間関係の構築法みたいなことをポストしています。

ところで話を最初に戻すと、『ハスリンボーイ』は今年、ＷＯＷＯＷでドラマ化されるんです。主演は間宮祥太朗さんで、全8話。おかげさまで作品の出来もよく「よかった」と思っていたら、放映前に例の道具屋の友達がまた逮捕されてしまって。いま刑務所にいるんで、彼自身、そのドラマを観ることができるか不明です……作品が動くたびにヤツには何かあるんです。

フォロワーとのコミュニケーション

会ったことのないフォロワーとやりとりができることも、ＳＮＳの面白さのひとつだ。しかも草下氏に興味を持っているフォロワーは、手掛けた本を購入してくれる読者となる可能性もあれば、もしかすると著者となり得る可能性もある。が、一方で13万人以上のフォロワーとコミュニケーションを取ることは、なかなか大変なことでも

草下シンヤの「X」のアカウント。
登録者数13万6000人（2024年8月現在）

ある。リプを返さないと失礼だと感じる人もいるし、必ずしもポストの内容を、しっかりと理解できる人ばかりでもない。草下氏の場合は、とくに裏社会系のネタを呟くため、ややこしい相手に絡まれることも多々ある。顔が見えないフォロワーと、どのようにコミュニケーションを取っているのか。

フォロワーが6万人くらいまでの頃は、すべてのリプに返信していました。それは戦略ではなく、人のことを無視するのが嫌だからという理由です。リプって挨拶みたいなものだと思ってるので「おはよう」って言われたら「おはよう」って返す感覚ですね。

批判的なリプしてくる人についても、受け止めるというか、むしろ対話してみたらどうなるだろうって考えがあったので、いちいちすべてにリプを返していました。もちろん「酷いこと言うなあ」ってちょこっとイラっとするリプもあるんですが、相手が知らない人だって思えば、そこまで気にはなりません。

とはいえ、レスバトルまではしませんね。Xっていうメディアは、レスバトルには向いてないんです。もともと、自分のことをわかってほしいとは思っていないし、相手もこっちをわかろうとしている姿勢でもないから、バトルなんかしても無駄じゃないですか。引用リポストはこっちに語りかけてるわけでもなく、ただの独り言。テレビのニュースを見て、ぶつぶつと自分の感想をしゃべっているのと一緒。そんな人間にわざわざテレビの中から話しかけても仕方がないです。

リプを返して、ビックリされたこともあります。批判的なことが書かれていたので「なんでそう思ったんですか？」って返したら「すみません」って謝ってきたので「別に大丈夫ですよ」とか。かつてはフォロワーと、そういうふうに普通にやりとりをしていましたが、さすがに10万フォロワー近くなってくると、全部のリプに返信するのは追いつかなくなってしまい、いまは知人や友人にしかリプを返さなくなりました。フォロワーの方たちと、そういうコミュニケーションを取るのが嫌になったわけではなく、やむを得ずです。

リプは知り合いにしか返さないですが、届いたＤＭには基本的に返信しています。一日数通くらいで、まだ返せるレベルなので。僕に届くＤＭの多くは犯罪絡みの相談なんですよ。取材じゃないんですが、相談を通して逆に情報をもらえたりもするんですよね。

最近、若い女性が、マカオやラオスとかの海外風俗に出稼ぎに行くのが流行ってるじゃないですか。先日、その出稼ぎに行ってきたっていう女性からDMが届いたんです。やりとりするなかで、出稼ぎ先で撮影した動画を送ってくれたんですが、チャイニーズマフィアがコカインパーティーしてる動画だったんです。ものすごく話が聞きたいと思ったので、すぐに会う約束をしました。話を聞かせてもらうことができて記事にもなりましたし、取材の窓口になることはありますね。

もちろん犯罪系以外の、普通の質問も来るし、原作を担当した漫画の感想も届きます。いきなり長文を送りつけてきたり、他責思考が強かったりする人には返信をしませんが、なるべく気楽に返事をするようにしています。偉ぶる必要はまったくないので。出版社のアカウントではなく、僕個人のアカウントだからできるコミュニケーションかもしれません。

SNSでバズらせて本を売る秘訣

Xのフォロワーが多いということは、自身の手掛けた書籍の存在を多くの人に伝えることができるということだ。しかし、ただ宣伝ばかりを垂れ流しては、フォロワーは離れてしまう。バランス感覚が問われるが、草下氏はさらにただの宣伝ではなく、

企画性を持たせることでより注目度を増させ、販促へとつなげている。

青井硝子さんの『雑草で酔う ～人よりストレスたまりがちな僕が研究した究極のストレス解消法～』は、かなり売れたし、重版もかかったんですが、もうちょっと売りたいなという気持ちがあって、半五段の新聞広告を作ったんです。ところが、法に抵触する可能性があるっていうことで、どこの新聞社にも掲載拒否されてしまった。

そうなるだろうなと事前に予測はしていたんですが、やっぱりその通りになったのでで「新聞広告が、すべて掲載拒否になったのでここに供養します」って文面をつけてツイートしたんです。それがバズったおかげで売り上げにつながり、5、6000部ほどの重版がかかりました。

新聞広告は、購読者と宣伝したい本のマッチングが大事だと思うんです。『雑草で酔う』はたとえ新聞に載っても売れなかったかもしれないし、もともと新聞広告が断られたらSNSの広告に使おうと思っていたので、上手くいきましたね。

新聞広告の打ち方としては、まず最初に、そこまで広告費が高くない新聞に打って、POSデータで本の売れ行きの数字を見るんです。数字が変わらない場合は、新聞広告には向いていないのかもしれないってことで、それ以上、別の新聞に広告を打たないと判断します。反対に、そこでPOSデータに動きがあったり、Ａｍａｚｏｎの順位が上がったりしたら、新聞の購読者とのマッチングがいいということなので、今度は掲載費は高いけれども、より広告力の強い新聞の枠を押さえつつ、取次や書店にその本を仕入れてもらうよう働きかけて、売れる仕掛けを作ります。

せっかく広告を打ったのに、書店に置いてなかったり、Ａｍａｚｏｎの在庫がないとかってなると、売り上げに結びつかないこともあるんですよね。欲しいと思った人がその場で手に入るようにしておくってことも大事です。

新聞広告とのマッチングがいい本は、できれば二ヶ月おきくらいに広告を打って、そのたびに重版がかかるっていうのが、新聞広告展開の理想的な回し方じゃないでしょうか。

新聞広告が予想外の方向でハネたこともありました。『文豪たちの悪口本』が、発売してだいぶ経った頃に、ある日突然、Ａｍａｚｏｎで売れ始めたことがあったんです。「なんで売れてるのかな」って不思議に思っていくら検索しても、なにも出てこなくて原因がわからない。それでも、よくよく調べてみたらわかったのは、発売当時に新聞に打った半五段の広告の画像を、誰かが写真に撮ってツイートしていたのがバズっていたことでした。

その半五段の広告は、文豪たちの言った悪口、太宰治の「刺す。」とか中原中也の「青鯖《あおさば》が空に浮かんだような顔をしやがって」といったキャッチコピーを並べたやつで、ちょっと面白い作りにしてあったのがバズった理由だと思うんです。これは再現

「雑草で酔う」と「文豪たちの悪口本」の新聞広告は思わぬ形でバズることになった

性あるなって思って、反響が落ちついた頃に、自分のアカウントで同じようにツイートし直したら、目論見通りにまたバズって、これもまた重版につながりました。

なにをポストしてなにをポストしないか

基本的に「テキストでバズらせるのは難しい」といっても、草下氏のXのポストはほとんどが、かなりの数、リポストされていいねがついている。もちろんフォロワー数が多いのが前提であるが、ポスト自体にコツはあるのだろうか。

バズりやすい構文っていうものがあるんです。まず140文字の中で上手に語ること。情報が入っていて、最後にちょっとしたユーモアやひねりを利かせる。

例えば、裏社会のヤバい話を書いても、ヤバすぎるだけだと、あまりに自分と関係ないから、さほどリポストとかをされない。けれども「表社会でもこういうのってあるよね」というふうに寄せると、リポストされたり、いいねがついたりする。読者に対して遠い情報や濃い情報を、いかに近く見せてあげるかがポストをバズらせるテクニックです。

一方で、方々に気を遣った言葉は、硬くなりがちであまり伸びません。また、気を遣ったことで逆に尊大に見えてしまうような言い回しもある。難しい内容をポストするときほど、意識して和らげるようにしています。

炎上しても火消しはしない

ＳＮＳのインフルエンサーである以上、時に炎上と呼ばれるトラブルに巻き込まれることもある。炎上してしまったことで、非難や誹謗中傷が殺到して、その結果、気を病んでしまいＳＮＳそのものに触れるのが怖くなったというケースもよく見聞きする。万が一、炎上に巻き込まれた場合は、どう対応するのがベストなのか。

ＳＮＳにはトレンドがあるので、常に触ってないとわからない。三日くらいＳＮＳから離れてると、なまってしまうという実感がある。なのでＸのタイムラインは毎日見るようにします。時には炎上することもあるので、常に自分のアカウントの状況は、把握していますね。

けれども、炎上したところで、鎮火させることはしません。ＳＮＳは世論で動いています。だから、その問題が叩かれてる最中に、いくら擁護してもダメ。投稿を消すのも悪手です。予防策として、燃えそうな時に、まったく関係のないポストを二、三個してタイムラインを埋めるくらいのことは、たまにしますけども。

２０２３年に、日大アメリカンフットボール部の部員が乾燥大麻を所持していた事件がありましたよね。この事件についての見解をXでポストしたんですが、それがネット記事にまとめられてヤフーニュースで報道されたんです。そうしたら、そのニュースのヤフコメが、ものすごく炎上しました。

あの事件は、大麻の単純所持なので、警察は容疑者の情報を出してないんです。なのにテレビ局は、容疑者の顔写真まで出して実名報道をした。

日大アメフト部って以前にも、危険タックル問題が取り沙汰されたことがあったし、おまけにいまの理事長は作家の林真理子さん。メディア的に面白くて数字が取れる。だから後追いで報道するなかで、メディアが独自に実名報道をしたわけです。

結局、２０２４年の１月に執行猶予付きの判決が出ましたが、報道の段階では起訴前でした。誰も騒がなかったら不起訴になったかもしれない事件です。それをマスコミが報じてしまった。

世間で話題になったから、警察だって起訴します。犯罪者になっちゃって、名前と顔まで出てしまい、デジタルタトゥーとしてずっと残ってしまう。やったことの罪に関して、警察が情報を出すならともかく、数字が欲しいからってメディアが勝手に後

日大アメフト部の部員 大麻とみられる薬物所持か 大学が調査

2023年8月2日 11時40分

日本大学アメリカンフットボール部の部員が大麻とみられる薬物を違法に所持していた疑いがあることが分かり、大学が調査を進めるとともに、警視庁が見つかった植物片の鑑定を行うなど捜査しています。

日本大学や関係者によりますと「アメフト部の部員が寮で大麻を使用している」などと情報が寄せられ、大学側が調べたところ、先月、植物片が見つかったということです。

日大アメフト部の大麻事件はテレビや新聞でも大きく報じられた。記事は「『NHK』NEWS WEB」より引用（2023年8月2日配信）

追いで実名まで出して、まだ社会人にもなっていない人間の未来を狭めるのって、ちょっとやり過ぎなんじゃないかっていうことをXにポストしたんです。

もちろんフォロワーの中には「自業自得だ」という反応をする人もいたし、それはそれでわかるんです。でも、程度問題でいえば、メディアはあきらかにやり過ぎです。僕はメディア側の人間として「数字が取りたいがための、行きすぎた報道はよくない。自制したほうがいいんじゃないか」って自戒を込めて表明したんです。

そのポストは、Xではそこまでは炎上しなかったけれど、ネット記事に転載されたことで、僕のことを知らない人たちの間で「この草下ってやつ、バカか」とか「こんなやつがいるから、大麻が蔓延するんだ」って大炎上していたのは面白かったです。

炎上って、自分のフォロワーの中ではしないんですよ。あきらかに間違ったことを言ったらするかもしれないけど、だいたいは「草下がまた何か言ってるな」で済む。けれど、そのひとつ外、フォロワーのリポストの先は、僕のことを知らない人たち。その人たちにとっては、僕の発言は異常な世界線にあるというか理解の範疇外なので、過剰反応を誘ってしまうことがあるんです。「犯罪者を擁護している」「ドラッグを勧めている」とか。

でも、時々そういうことがないと、自分の異常さに気が付かなくなっちゃうので炎上するたびに「自分は普通じゃないんだな」ってことを噛みしめて、目の前のことをしっかりやろうって自分を戒める、いいきっかけにしています。

近頃のSNSでは、炎上する確率が限りなく高いので、触らないほうが無難な話題というものがいくつかある。例えばフェミニズム絡みのネタもそのひとつだろう。草下氏もまた、炎上に巻き込まれた経験がある。

２０２０年に恵比寿の高級ラウンジに勤める女性が、テキーラ一気飲みゲームで死亡した『恵比寿テキーラ事件』についての僕の投稿も炎上しました。「アニメや漫画のキャラクターがフェミニズムの観点から吊し上げられてボコボコにされるのはよく見るけど、今回のテキーラ事件についてはほとんどフェミニズム界隈から声が上がっていない。先日のミスター慶応（編註・ミスター慶応が性暴力事件を起こしたものの、不起訴となった事件）のときもそう。叩きやすい相手だけを標的にするのは、いじめではないでしょうか？」という投稿を、いわゆる「ツイフェミ」と呼ばれる人に燃やされて攻撃を受けることになったんです。

ツイフェミの人って、アニメオタク系とかをめちゃくちゃ叩くじゃないですか。表現の規制の問題についても、出版社が反論してこないのをわかってるから言いたい放題。でも犯罪者であっても、金持ちだったり立場があったりする人物だと、訴訟リスクがあるから、あまり叩かなかったりするんですよ。それってどうなんだろうって思ってポストしたら、「叩いてますけど?」とか、キレた調子で返ってきました。けど、そもそもの議論が噛み合わない相手とやりあっても仕方ない。「なにも知らない相手になんでこんなひどい言葉を使うんだろう、すごい人たちだな」ってスルーしました。

炎上って、一日ごとに半分ずつになっていくんですよ。最初1000だったのが次の日には500になって、その次の日に250になって、125になってって、一週間経つとだいたい終わるんです。けれども途中で燃料を投下しちゃうと、最初の1000が戻ってくる。そうなると終わらない。だから放置したほうがいいんです。

もちろん言いたいことがあったら言っていいとも思いますよ。でも、だいたい炎上って意味があることじゃない。「このアカウントは叩いていい」って雰囲気で起きるだけだから、なにかを証明する意味がない。明確な事実誤認は訂正したほうがいいけど、自分の考えや主張とかはあまりしないでおく。どうしても主張したいなら、落ち着いた後にすればいい。

過熱している時って、人ってちょっと精神不安定な状態だと思うんです。やっぱりストレスもありますし。その時に「間違ってない」「正しい」とか言っても、どこかでほころびが出るので、主張するのは、炎上が収まった後がいいんじゃないですかね。

これまで何度か炎上しましたが、僕は炎上することは恐れてないんですよね。的外れなことを言われてもまったく響かないので。もちろん、的確な指摘をもらった時には、傷つくこともあります。「盲点だった、足りなかった」って反省するし、どうして誤ってしまったのかを考えます。でも基本的には、自分が恥ずかしくないようにしていればいい。嘘ついたりかっこつけたりってダサいじゃないですか。SNS上では他人に意地悪をしないこと、素直でいることを心掛けてます。

宣伝ポストのコツ

昨今、SNSは有益な宣伝ツールだ。ネットで本を買う機会が増えたいま、興味を持てば即座にポチってもらえる可能性があるから、軽視はできない。また、ニュースサイトやYouTubeといったウェブメディアと、手軽にメディアミックスできるというメリットもある。

ＳＮＳで宣伝をする時は、タイミングを合わせるようにしています。例えばある著者の本を出版する際、宣伝もかねて『裏社会ジャーニー』に出演してもらうことになっていたとします。この時、文春オンラインなどのウェブメディアに本の抜粋記事が載るなら、『裏社会ジャーニー』の放送をそこに合わせます。

もちろん、Ｘの個人アカウントでポストもします。するとＡｍａｚｏｎの売れ筋ランキングが一気にぐっと上がる。順位が上がると「売れてる本だ」って興味を持たれて、購買に結びつくことがあるんです。告知を分散させて低空飛行になってしまうのはもったいないので避けて、大きな販促の山を作ることを意識しています。

もうひとつ、Ｘの場合は、宣伝だけをずっと書き続けているのってタイムラインの見栄えがあまりよくないと思うんです。だけど、合いの手が入ってくると、それ自体がコンテンツに見える効果がある。著者が自著の宣伝ポストをしたとしたら、ただそれをリポストするだけではなく、引用リポストにして合いの手で返す。ユーモアのオブラートに包んで、商売っ気のなさを演出するのも宣伝ポストをする際に大切です。

「さすがだな」というSNSの使い方をしているのは、幻冬舎で編集者として活躍している箕輪厚介さんですね。彼の著書が、Ａｍａｚｏｎの和書総合の売れ筋ランキングで同時に一位と二位を取ったことがあるんです。人生を変える人物と、どう出会って仕事にするかをレクチャーした『怪獣人間の手懐け方』（２０２３年９月　刊：クロスメディア・パブリッシング）、もう一冊はベストセラー『死ぬこと以外かすり傷』（２０１８年８月　刊：マガジンハウス）の続編にあたる『かすり傷も痛かった』（２０２３年９月　刊：幻冬舎）。これ、二冊ともタイトルのセンスがすごくいいですけど、正攻法では、なかなかＡｍａｚｏｎで一位二位を取ることは難しい。

いったいどういうマジックを使ったのか。箕輪さんはその方法をｎｏｔｅにアップしてるんですが、とにかくものすごくよく考えられているんです。

まず買ってもらうタイミングを深夜の24時に設定して、各メディアのパブリシティもその時間に公開されるように仕掛ける、と。夜中ってＡｍａｚｏｎにアクセスしている人の人数が減るんです。サイト全体の売れ行きの動きが鈍る時間帯に販促の山を作り、そのタイミングで購入してもらうことでＡｍａｚｏｎのランキングを上位に上げる。そうやって「ランキング一位」という数字を作り、翌朝からその冠を使いながら宣伝していく。本を売ることに関して最大限に特化して戦略的にやっているのが立派ですし、それができているのは箕輪さんの努力と能力があってこそ。関係者でグループチャットを作って、どうやって盛り上げるかのアイディアを出し合うというのも勉強になりました。

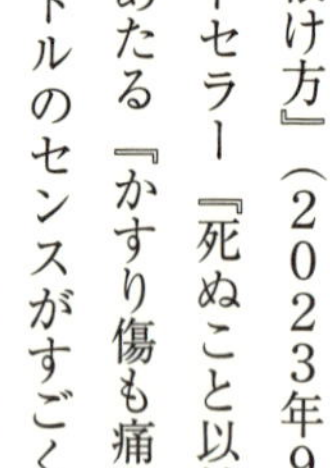

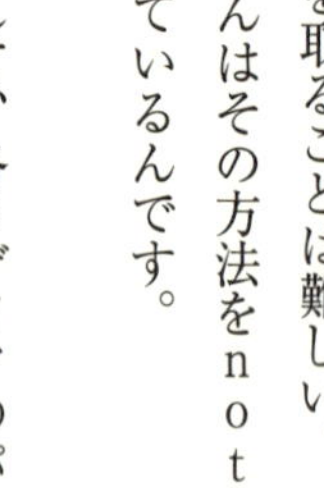

右「怪獣人間の手懐け方」
（著・箕輪厚介／2023年9月
／クロスメディア・パブリッシング）

左「かすり傷も痛かった」
（著・箕輪厚介／2023年9月／幻冬舎）

この箕輪さんのやり方で僕がやるとしたら、例えば1時間で500冊、Ａｍａｚｏｎで購入してもらえれば、ランキングで一位を取れるとして、どうしたらそれができるか逆算して考えてみました。僕のＸのアカウントから100人は誘導できるとして、ＹｏｕＴｕｂｅから100人、他のウェブメディアのＰＲ記事が出るタイミングも合わせてさらに100人、新聞にも同じタイミングで出稿して100人って、上手くやれば戦略的に数字は取っていけるな、と。

でもこれをできる人は、実際のところなかなかいない。僕は箕輪さんのｎｏｔｅを社員全員に読ませましたが、誰も実践することはできません。一般的な編集者にとっては再現性は限りなく低い。けれども、それくらいしないと出版で本を売るっていうのは無理だと思うんです。

もうひとつ、タイミングといえば箕輪さんが作った『クラクションを鳴らせ！　変わらない中古車業界への提言』（2023年8月　刊：幻冬舎　著：中野優作）。この本は、もともと中古車販売の会社を立ち上げた人の自伝だったんですけど、制作を進めている最中に、ちょうどビッグモーター社の問題が報じられた。著者はビッグモーター社の元社員でもあったので、発売前に急遽そこを書き加えてもらったそうです。結果、その本はすごく売れていました。

「クラクションを鳴らせ！　変わらない中古車業界への提言」（著・中野優作／2023年8月／幻冬舎）

そういうふうに、タイミングを合わせてちゃんと焦点を絞るとか、箕輪さんは本気でやり切ってるんですよ。これは、いまの出版人に足りないところです。ジリ貧でやってても無駄だって、みな疲弊して諦めムードのところに、本当にしっかりと最後までやり遂げることで成果を出している姿勢は、同じ編集者としてすごく参考になります。

SNSでの漫画連載

最近、ちらほらと見かけるのがXで定期／不定期に更新される漫画連載。漫画家自身が自分のアカウント上で展開しているのが特徴だ。彩図社で書籍化された『地元最高！』（著：usagi）をはじめ、草下氏はいくつかの作品に原案や原作、編集、プロデュースなどで参加もしている。バズれば当たるSNSの漫画連載のコツはどこにあるのか。

ウェブ漫画っていうのは、読者アンケートを取ることで読者の望む話に寄せていく「ジャンプシステム」と似たような運用をすることが可能です。

わざわざアンケートを取らなくても、Xのインプレッションやリポスト、リプの内容で読者の雰囲気がわかる。それをそのまま反映させるまではしませんが「全体としてはこの回が好評で、こっちの回は好まれてないんだ」とか「もっと捻りを出そう」「捻りすぎてわからなくなっちゃったから、整理しようか」というふうにXの反応をみながらコントロールしていける。

作品を作っていく上で、読者の反応や温度感は、とても参考になるんです。読者と一緒に盛り上げていく感覚で展開しています。


制作のスピード感も紙の漫画とはまったく違います。『地元最高！』は毎週、土曜日の深夜に更新しているんですが、打ち合わせは火曜日。ｕｓａｇ.ｉさんとストーリーを考えます。そこからｕｓａｇ.ｉさんにネームを作ってもらって木曜日に確認、修正を指示して、一日か二日で直してもらい、完成させて土曜日に更新っていう速度感です。

普通は編集者が、出来上がった作品を最初に見るじゃないですか。けれども『地元最高！』はｕｓａｇ.ｉさんのXにあがった時に、僕も初めて完成したものを見るんです。読者と編集者が同時に見るっていう珍しい作品です。一応、下書きの途中の原稿を更新当日にやり取りするんですけど、最後の最後に効果を入れたりとかは、ｕｓａｇ.ｉさんに完全にお任せしています。スピード感を優先すると、そうせざるを得ない。たまにちょっとミスもあるけど、それは単行本の時に直せばいいだけですし。普通の漫画制作の工程とはまったく違いますよね。『地元最高！』のライブ感はこの進行のやり方も影響していると思っています。

Ｘで漫画を連載するという新しいコンテンツの展開にあたり、その宣伝方法もよく練られている。草下氏はただＴＬに垂れ流すのではなく、しっかりと目に留まり、タップ／クリックしてもらう仕掛けを採用している。

Ｘはひとつのポストに画像を四枚まで載せられるんですけど、そうすると画像がサムネイル化してしまい、一部しか表示されなくて目立たないんですよ。ひとつめの投稿は画像を一枚だけにしてトビラにする。二ページ目はスレッドにして、最大枚数の四枚載せて、クリックすればスムーズに読めるようにする。原作協力として関わった『ごくちゅう！』（ヤンマガＷｅｂ、著：こんぱる＆ふじしまペポ、草下シンヤ、雨宮）の宣伝ポストは、この方法ですごく伸びましたね。

『ごくちゅう！』は、女子刑務所を舞台に、受刑者たちのリアルな日常をゆるかわな絵柄で描いたコメディ作品です。別件でヤングマガジンの編集者と打ち合わせをしている最中にふと「ごくちゅう」って言葉が思い浮かんで。「めっちゃバカバカしくて面白くないですか？」って提案したら面白いからやろうと。

作画はやっぱりきらら系（編註：雑誌『まんがタイムきらら』〈刊：芳文社〉に掲載されているような傾向の作品。その多くは女の子たちが主人公のゆるい日常系）がいいし、せっかくなら、きららで描いていた経歴のある人に頼んだほうが面白いだろうってことで、きららＭＡＸに『のむラリアット！』という漫画を連載していたこんぱる＆ふじしまペポさんというコンビの漫画家さんに担当してもらいました。編集者には「女子刑務所に入っていた知り合いいないですか？」って言われたんですが、心当たりがいなかったのでXで募集をかけたらすぐに見つかりました。雨宮さんという女性に取材協力をお願いして、その後さらに『裏社会ジャーニー』にも出てもらいました。

ちょっと話がそれましたが、最初の画像をトビラにするXでの宣伝方法は、最近はみんなやるようになって珍しくなくなっちゃったので、あまり伸びなくなってきましたけど、いまのところ、これがベストのやり方だと思います。でも、たぶん1年くらいしたら、またやり方が変わるんじゃないですかね。ＳＮＳは変化していくものなので。

右「ごくちゅう!」1巻
（漫画・こんぱる＆ふじしまペポ、
取材協力・草下シンヤ、雨宮
／2021年11月／講談社）

左「まんがタイムきらら」
（2024年8月号／芳文社）

六章

作家・草下シンヤの活動

今後の個人的展望

書籍編集者であるばかりでなく、作家としても活動している草下氏。出版業界に閉塞感が漂うなか、今後の個人としての展望はどう考えているのだろうか。

本当は小説が書きたいんです。でも僕の場合、小説を書くと日常生活に支障が出てしまう。書くことに没頭しすぎて他のことがどうでもよくなってしまうんです。

小説のいいところは、自分で世界のすべてを作れるところ。漫画の原作は、あくまでも素材の提供だし、編集者の仕事は黒子。動画のプロデュースも裏方です。だから「自分の作品です」っていえるのは、やっぱり僕にとっては小説だけなんです。

一から十まで完全に、自分の責任で仕上げられることが、僕にとっての小説の魅力ですが、そのぶん、精神的に持っていかれてしまう。いまのこの仕事量のなかでは、小説は書ける状況にないというのが実情なんですよね。時間さえあれば小説を書けるのに、まったくないのが悩みです。時間がないのは仕事をしてるからなんですが。

右「半グレ -六本木 摩天楼のレクイエム-」1巻
（漫画・山本隆一郎、原作・草下シンヤ／2021年6月／秋田書店）

中「私刑執行人 ～殺人弁護士とテミスの天秤～」1巻
（漫画・内田康平、原作・草下シンヤ／2023年6月／秋田書店）

左「ゴールデンドロップ」1巻
（漫画・上月亮、原作・津覇圭一、取材協力・草下シンヤ、神里純平／2023年9月／講談社）

だからいま、個人としての仕事は、漫画の原作や協力が主ですね。『半グレ　－六本木　摩天楼のレクイエム－』（ヤンチャンWeb、漫画：山本隆一郎　原作：草下シンヤ）、『私刑執行人　～殺人弁護士とテミスの天秤～』（ヤンチャンWeb、漫画：内田康平　原作：草下シンヤ）、『ゴールデンドロップ』（ヤングマガジン、漫画：上月亮　原作：津覇圭一取材協力：草下シンヤ、神里純平）の3本を担当している他、準備中のものが複数あります。

『半グレ　－六本木　摩天楼のレクイエム－』は以前、講談社から出した僕の同名小説がもとになっています。半グレ組織を描いた作品で、2012年に『六本木クラブ襲撃事件』っていう、六本木のクラブで1人の男性が袋叩きにされて死亡してしまった事件があったんです。加害者は『半グレ』のモデルになったグループのメンバー。その事件の起きた直後のタイミングに発売されたので、そこそこは売れて初版は完売したんじゃないかな。でも重版はかからず、それから6、7年後に彩図社で文庫化したんです。僕としては自信のある作品だったのでもっと読まれてほしいなと。

たまたまヤングチャンピオンの編集者と飲む機会があった時に、その小説の話をしたら「ぜひコミカライズしましょう！」と提案されて、漫画化されたらすごく売れたっていう、不思議な経緯がある作品です。講談社から彩図社、そして秋田書店って、判型や表現形態が変わりながらも、最終的には売れてよかったです。

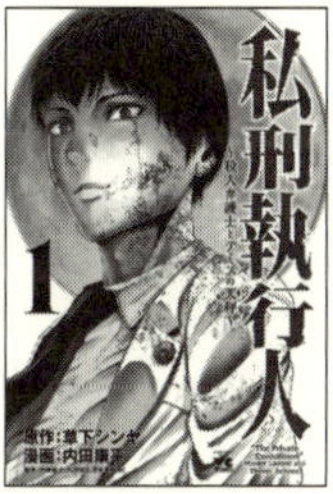

『私刑執行人 ～殺人弁護士とテミスの天秤～』は、法律で裁けないような犯罪者をたくさん見てきた経験を活かしています。表の顔は弁護士ですが、実は裏の顔を持つ主人公が、暴走自動車事故の加害者や、証拠のない連続殺人犯といった法律で裁けない人たちを裁いていく話ですね。『ゴールデンドロップ』は自殺志願者たちが覚醒剤を売りさばく話で、売人をやっていた知り合いなどに取材をして作っています。テレビドラマの脚本の仕事もちょこちょこと入ってくるのでやってるんですが、これも面白いですね。漫画と似てる部分がありつつも、セリフのナマっぽさやシーンのリアリティを重視するところなどが特徴的です。

長年、裏社会に関わってきたからこその情報の蓄積を持つ作家・草下シンヤは出版界に於いて独自のポジションにある。では草下氏はどうやって現在の作風に辿り着いたのか。ここで編集者・作家・漫画原作者としての草下氏のルーツを探ってみたい。

シナリオや漫画原作について、スクールで学んだ経験はなく、まったくの独学なんです。

ただ子どもの頃に『週刊少年ジャンプ』で連載されていた鳥山明さんの『ドラゴンボール』や冨樫義博さんの『幽☆遊☆白書』なんかの、次話のストーリーを当てるっていうギャンブルを、友達と一緒に毎号、やっていました。僕はそれを当てるのが得意だったし、その遊びが物語作りの訓練になったのかもしれません。『ジョジョの奇妙な冒険』はまったく当たらなくて、荒木飛呂彦さんは展開が予想できないほどオリジナリティがあるのがすごいなって。漫画でいえば手塚治虫さんも、もちろん大好きでしたね。『火の鳥』『きりひと讃歌』『ブッダ』……手塚作品はすべて面白いといってもいいですよね。サブカル世代なので当然、つげ義春さんや諸星大二郎さんとかのガロ系の漫画も読んできています。

僕には妹がいたので、少女漫画を読む機会もありました。『りぼん』に掲載されていた矢沢あいさんの『天使なんかじゃない』や水沢めぐみさんの『姫ちゃんのリボン』、あとは岡田あーみんさんの作品も面白かったです。日渡早紀さんの『ぼくの地球を守って』は、いとこの家で一気に読みました。

小説だと星新一さんの作品をよく読んでました。純文学だと太宰治や中島敦、三島由紀夫。高校生になるとロシア文学が好きになってドストエフスキーやトルストイを読むようになって。裏社会の連中と麻雀している最中、ちょっと空いた時間に読んでいたりしたので「こいつ、なんだ?」みたいな感じで奇妙なものを見るような目を向けられました。読書好きって、5分でも時間が空いたら本を読みたいものですよね。

学校の授業はつまらなかったし、友達と遊ぶのは楽しかったけど、知的好奇心が満たされることはない。でも本は、満たしてくれる。僕の育った家庭は、本ならば、なんでも買ってくれるという方針だったこともあって、たくさんの本を読むことができたし、本には、ものすごくいろんなことを教えてもらいました。

学校の成績は良かったですが、どこか冷めきっていました。小学校四年生の時、担任の先生が「急用ができたからみんな自習しているように」と言って教室を出ていき、そのまま殺人を犯して逮捕されました。もちろんショックでしたが、先生もただの人間なんだと冷静に捉えていました。中学校では生徒会長をしているのに、テストを白紙で出したりしていました。白紙で出したらどうなるんだろうと。教育指導の先生は「どうしちまったんだよ」と驚いていましたが、僕の中では将来なんてどうでもいいと思っていました。反体制派というかアナーキズムな感じというか、ひねくれ者でした。

編集者になったのは、彩図社から出ていた『ぶんりき』という投稿専門誌がきっかけです。高校二年の時に、書いた小説や詩をどこかの賞に応募しようと思って『公募ガイド』という雑誌を買ったら『ぶんりき』の広告が載っていたんです。全国の書店に流通のある同人誌で、自費出版みたいな形でお金を払えば作品を掲載してもらえると知って「こんなのあるんだ」って思って応募したんです。するといまも彩図社の代表取締役を務めている山田有司さんから電話がかかってきたんです。その時のことを覚えています。「東京の出版社から電話がかかってきた！」って驚いて、夕日が差し込む実家の二階で正座をして山田さんと話して、掲載料を払って作品を載せてもらうことにしました。

当時、『ぶんりき』は二、三ヶ月に一度、編集部見学ツアーというのをやっていました。投稿者や読者が編集部を訪問して、編集者と直接話をすることができる。僕もずいぶん可愛がってもらって、ツアーの後に一緒にご飯に連れていってもらったりとかなり楽しかった想い出があります。

その頃の僕は、地元の静岡では犯罪と近しいところで生活をしていて、けっこうなやさぐれ具合だったわけです。けれど、彩図社の編集者や創作者たちと関わり合いができたことで「地元の連中とつるんで何かするのとはちょっと違って、なんだかすごくいいな、楽しいな」って思った。だからツアーには、積極的に参加していました。

高校を卒業してからの一年間、地元でプラプラしていたら、様々な事件があって、

「ぶんりき」VOL.26
(2000年4月／彩図社)

友達関係がぐちゃぐちゃになっちゃって。その時に「このまま、地元でくすぶっていても仕方ない」って決意し、東京に行って物書きを目指すことにしたんです。一応は、予備校に通うって建前で出てきたんですが、まったく通うことなく彩図社に頻繁に出入りしていたら「編集部でバイトする？」と誘われて、その後に社員になっていまに至ります。彩図社で働くようになって26年になります。

出版の未来もそうですが、僕は最近、自分の未来のこともよく考えています。いまは編集者であり、作家でもある。そろそろ、どちらで生きていくのかを選ばないといけないいんじゃないかと。

才能としてあるのは、編集者のほうかもしれないって思うんです。後輩にも編集の技術を、教えられることはすべて教えたいとも思っている。けれども自分の人生もあるじゃないですか。だって僕は、作家を志して東京に来たんです。たまたま編集者として出版社で働くようになって、そこで成果が出せたから続けてきたけれど、皮肉なことに編集者としての業務が多忙すぎて、作家としての足を引っ張ってしまっている。編集業務が原因で作家としての仕事を断っているっていうのが現状なんです。

最初は「一冊だけでも、本を出せたらいいな」って考えていたんです。でも夢って、ある程度の実力と熱意を持った人が、しっかり努力をしたら叶うものなんですよね。一冊どころか、いまとなっては正直なところ、もう何冊書いたかも覚えてない。編集者として何冊作ったかなんて、もっと覚えてないですよ。本を出すことが現実になったどころか、いつの間にか当たり前の日常になってしまった。

編集者になる前の、自分のことを考えると夢みたいですが、かといって初心を忘れてマンネリの中で仕事をするのもよくない。だから、そろそろ新しいことをやらないといけない、漫然と仕事したらいけないって、最近よく考えます。

50歳まで。そこまでに編集者をメインにやっていくのか、それとも作家業に軸足をシフトさせるのか、決めないといけないんじゃないかなって思ってます。リミットはあと5年です。

これは出版業界全体の課題だと思うんですが、僕の場合は高卒で、めちゃくちゃな生き方をしてきているわけです。しかも普通の高卒の人ともちょっと違うレールで生きてきた。でも、こうやって仕事ができています。僕以外の社員はほとんど大卒で、ずっと学歴は高い。能力も意欲もあるし、個性的で面白い人ばかりです。だけど、なかなか売れる本を作ることが難しい時代になってきています。

本を作って売るっていうのは本来バクチみたいな仕事です。昔は出版社も無茶苦茶な人が多くて、それこそ無茶苦茶な生活をしながら無茶苦茶な仕事をしていた。毎日がお祭りみたいなものですよね。それがいつの間にか、ホワイトカラーの人気職種みたいになってエリートが増えてきた。もちろん、そのことが悪いわけではありませんが、出版業界にかげりが見えてきたいま、バクチ仕事のような側面に立ち返って、無茶苦茶な編集者がどんどん出てきてほしいですね。

『野良ニンゲン RED SPIDER ジュニア自伝』の著者のジュニアさんが、なぜ僕を信頼してくれて自伝の編集を任せてくれたかって、僕と話をした時にいろんなことが伝わったからだと思うんです。「草下は、世の中を知ってるな」って。そうじゃないとレゲエを知らない僕に頼んだりはしない。それってすごくありがたいじゃないですか。だって人として見てくれてるっていうことだから。「この人は大丈夫だ」って信用してくれたってことで。お互いにやって、いい結果も出せた。編集の基本ってそういうことなんだと思います。

僕は、高校を卒業後、進路も決めずに地元で遊んでいました。裏社会の連中と麻雀をしたり犯罪の真似事をしながら、「将来は自分もそっちの方向に行くしかないんだろうな」と諦めていた。創作活動もしていましたが、まさか自分が作家や編集者になるだなんて思ってもいなかった。きっとそれが嫌だったんですね。本当にただの思い付きで、地元の静岡県から山口県までママチャリで旅をしたんです。僕が大好きだった中原中也という詩人の墓参りをするっていうのを、一応の終着点に決めて。10日ほどかけて中也の故郷・山口県湯田温泉にたどり着いて、墓前で手を合わせた。そのとき、「ああ、やっぱり表現の世界にいきたいな」って思いました。

で、それから26年経ったいま、最近、これから先、どうやってなんの仕事をしようかなって悩みがあるなかで、ちょっと初心に戻ろうと思って、中也の墓参りに行ったんです。さすがに今回は自転車じゃないですが飛行機だと味気ないと思って、陸路の新幹線で山口県まで行きました。

ホテルにチェックインして外に出たら、中原中也記念館がすぐ近くにあった。19歳の時、ここに自転車を停めたなあと懐かしく思って、今回も入館しました。そうしたらちょうど中也記念館が30周年を迎えたらしく、10年に一度あるかないかの無料開放日だったんです。導かれるように中に入って見て回っていたら、記念館の中に本棚がありました。「まさか」と思って棚を見ると、僕が昔作った『名言　中原中也』（2007年5月　編：彩図社文芸部）っていう、中也が家族や友人に語った肉声を集めた本が置かれていたんです。ひとつのことを一生懸命続けていると、こういうことが人生にはありますね。中也の墓前で手を合わせた19歳の時から、いままでいろんなこと

「名言　中原中也」
（編・彩図社文芸部／2007年5月／彩図社）

はあったけど道は続いていたんだと思いました。

今後の出版界について

19歳から出版界に身を置き、内側からその変化を見つめてきた草下氏。コンビニエンスストアには本が置かれなくなり、書店の数は減り続け、本は紙から電子へと移行しつつあるなどの様々な移り変わりに直面しているいま、何を思っているのか。

全体の話でいえば、コンビニエンスストアが本を置かなくなったのは、非常に大きいと感じています。これって紙の本の未来も象徴しているんですよ。

コンビニエンスストアって、１９７０年代からどんどん拡大してきたわけじゃないですか。人々の欲しいものが置いてあって、24時間、いつでも買えるという強みでどんどん店舗数が増えていった。そこに紙の本を置かないという判断がなされて、棚が消えたということは、日本社会において紙の本が、一線の商品から下ろされたってことです。このシビアな現実を受け止めなければなりません。

くりかえしになりますが、いまはやっぱり本が本当に本当に、売れにくい。特に堅い本、社会問題系をテーマにした本を売ることは本当に難しいです。

うちでいえば、高木瑞穂さんの、東日本大震災による東京電力原発事故の賠償問題に切り込んだ『黒い賠償　賠償総額9兆円の渦中で逮捕された男』（2019年8月）は、内容は十分に面白かったんですけど、あまり売れなかった。最近の読者の傾向として、お金払ってまで難しいものを読みたくないんです。

ジャンルでいうと、いざという時に備えるための本も売れないです。震災が起こった後には、防災の本が少しくらいは売れたりはするんですけど、基本的に、有事に備えようとする賢明な人は少ない。それにいまってなにか問題が起こったら、ネットで調べられます。無料でネットから得られる情報が、売れないのは当然です。

　これからの編集者は、ますます数字を見ていかないとダメですね。「勝ちに不思議の勝ちあり、負けに不思議の負けなし」という野村克也監督の言葉がありますが、本当にそうなんです。売れた本っていうのは、いろんな要因があるんでしょうけど、再現性が確実にあるかというと、そういうわけでもない。でも売れない本っていうのは、ちゃんと分析すればわかる。内容が堅くて難しすぎたり、読者層のターゲッティングが甘かったり、わりと明確なんです。数字を見れば、そういうことを分析できる。なのに、悪い成績を見たくない人って意外と多いんですよ。だから避けて見よう

「黒い賠償　賠償総額９兆円の渦中で逮捕された男」
（著・高木瑞穂／2019年8月／彩図社）

としない。ＰＯＳデータを見れば、どの本がどんな成績だったか、自分の作った本がどれだけ売れなかったのかってのが一目瞭然だし、売れていないという現実に向き合うことで反省もできますが、嫌だからって逃げていると、どんどん現実から目を背けて、雰囲気や感覚だけで本を作るようになってしまうんです。数字の裏打ちがなく本を作っても、それはただの気分で作った本だから、売れようがないですよ。僕の作った本は、たしかに重版率が高いですけど、売れない本だっていっぱい作ってきた。どの本にも思いを込めて作ってきたので、結果売れなかったのは残念ですが、売れなかった要因を研究して、同じような本を作らないようにしたことで、結果的に売れる本を多く作り出せるようになった。だから成績が出てない人ほど、数字は見たほうがいいって思いますね。

そして編集者は、数字だけではなく本以外のコンテンツもたくさん見ないとダメです。映画でもいいし、ＹｏｕＴｕｂｅでもいいし、演劇でもいい。オタ活でもいいし、飲み屋に行って人といっぱい話してもいい。本はもう縮小していく世界の中にある。だから、その中だけであがいていても売り上げを伸ばしようがないです。

外の世界で売れるものを探して、持ってきて、それを本という形式に変えて商品化しないといけない。読者にとって本当に必要なものや、特定のファンがついていてグッズとして売れる人やものを見つけ出す力が大事だし、そういう引きを持った人たちと仕事をするのならば、やっぱりその世界に対しての造詣が深いってところを見せて信頼してもらわないといけない。

だから編集者は、出版の外にあるいろんな世界の中で、なにかのスペシャリストにならないともうやっていけないと思うんです。

数字も見ない、人と交流しない、活動的じゃないっていうのでは、世界が小さくなっていくだけ。編集者は、どんどん外に出ていって見聞を広げて、自分の得意ジャンルを確立しないとダメです。興味の範囲は広く、一部はぐっと深い知識を持っているなにかを作る。なぜならば、これからの本は、ターゲットをより明確にしないと売れないからです。100人が読む本ではなく、自分ともうひとりくらいにめがけて作った本のほうが、むしろ売れる。そのためには、一応はいろんなこと知っておきつつも、その中で専門的なジャンルを二つか三つは作る。その専門を掘り下げることで、自分だけのオリジナルの企画ができるんです。

草下、彩図社やめるってよ

～編集後記にかえて～

2024年の5月末、本書の第一稿を改稿する打ち合わせのために、高田馬場にある喫茶店に現れた草下氏は、どこか興奮を隠しきれない表情を浮かべていた。ポーカーフェイスとまではいかないが、淡々としていて、あまり感情を表に出さない草下氏にしては珍しい。いったい何があったのかと疑問に思っていると、テーブルを挟んで向かい側の席に座るや否や、胸中の興奮を抑えるように落ち着いた口調で話し始めた。

「この本にも関わってくることなんですが、今日、ご報告したいことがふたつあるんです。ひとつは今月発売されるキメねこさんの本のことです。本題に入る前に、ちょっとキメねこさんって著者について説明してもいいですか」

草下氏は目の前に置かれたグラスの水を口に含むと、もう7、8年の付き合いになるというキメねこ氏について語り出した。

「キメねこさんとは、もともと一緒に飲みに行くような友人関係のベースがありつつも、ツイッターで連載していた僕の小説の挿絵を頼んだり、編集した本のカバーのイラストを描いてもらったりと、一緒に仕事をしたりもしてきたんですが、二年くらい前かな。『書店で流通する本を作りたい。草下さん、お願いします』と頼まれたんです。

彼はもともと同人誌を作っていて、精神世界やキマった状態の体験を漫画で解説したものなんですが、それがコミケで非常に売れていたんです。一冊３０００円くらいする同人誌なのに、新作を出すたびに数千部くらいは余裕で売れる。熱烈なファンがついてるし、実際に僕もファンでした。

いまは増えましたけど、ＳＮＳで漫画を発表するってことを、最初期にやったのってキメねこさんだと思うんですよね。自分の作品をプロデュースするセンスもあるし、作品自体もすごい。僕は彼の絵を非常に高く評価していて、青井硝子さんの『雑草で酔う』や高野政所さんの『大麻でパクられちゃった僕』のカバーイラストを頼んだりしたんですが、素晴らしい絵なんですよ。

流通して書店で買える、自分の本を作りたいっていうキメねこさんの気持ちはわかりますし、ビジネス面についても、しっかりとファンがついているのでおそらく赤字はない。正直なところ、儲かるかどうかまではわからないけれど、作品作りとしてや

「大麻でパクられちゃった僕」
（著・高野政所／2021年2月／彩図社）

りたいなって考えたんです」

こうした経緯で、キメねこ氏がこれまで同人誌として発表した作品に大幅に描き直しを加えるとともに、描き下ろしの新作も収録された『キメねこの薬図鑑』が2024年の5月末に出版された。A5サイズで176ページ、定価は2640円（税込）。キメねこ氏のこれまでの集大成に相応しく、2折を除いてフルカラーという豪華な作りの本だ。

「2折をモノクロにしたのは理由があるんです。キメねこさんが留置場にいた体験を描いた30ページくらいの漫画があって。留置場ってすごく閉鎖的で、奥行きもない。色が極端に乏しい灰色の世界なんです。薬物をやっている時に目に映るサイケデリックな色味とは真逆。だから本の前半はフルカラーの薬物体験談漫画で展開して、途中に留置場の漫画を入れて突然、灰色の世界にブチ込まれたというギャップで引っ張る。出所したところでモノクロページが終わって二色になり、さらにページを進めると四色になるっていう構成にしたんです。カラーの世界から突然、モノクロの世界に入れられて、またカラーの世界に戻ってくるっていう展開なんですが、紙の本の作りとして、面白いことができたなって」

「キメねこの薬図鑑」
（著・キメねこ／2024年5月／彩図社）

もともとのキメねこ氏の作品のクオリティに加えて、捻りを入れた構成を採用したことで、草下氏も納得の出来映えに仕上がったが、出来上がるまでには、ふだんの本作りとは違った苦労もあった。

「キメねこさんって、完全に夜型で、常人の生活ペースで生きてない人なんですよ。連絡もLINEを送って既読がつくのが3日後とかザラにある。『明日の18時に電話で打ち合わせしましょう』ってアポを取ってあったとしても、打ち合わせの10分前に『今日はもう睡魔が襲ってきて勝てないので、リスケしてください』とかしょっちゅうなんです。

本の制作には丸1年半くらいかかってるんですが、その間一回も、対面で打ち合わせできてない。3回くらい、会って打ち合わせしようって話もあったんですが、『家を出ようとしたけど、眠ってしまって出られなかった』とかで全部流れてしまった。入稿直前、見返しの紙の色とか質を決めるのに、やっぱり実物を見て確認してもらいたいじゃないですか。それも来れなくて、結局、連絡がついたのは2日後でした。

そういうキメねこさんの行動には、すべて理由があるんです。絵を描くのが最優先。眠気に負ける限界まで絵を描き続けているんです。そんな状況で打ち合わせしても、覚えてられる自信がないからって、10分前にリスケっていう判断をしたってことなんです。
約束した日に家を出られないのも、出ようとはしてるんですよ。だけど普段、外にまったく出ないから、精神的・肉体的な拒否反応があるのかどうしても出られない。作家としての属性がものすごい強い。そういうことをわかった上で付き合わないといけない著者なんです。
当初、『キメねこの薬図鑑』は2023年の7月に出そうって目標があったんです。けど、キメねこさんはそういう人だって理解しているから、急かしてはいけない。根気強くキメねこさんのペースに合わせて仕事をして、ようやく刊行に辿り着けたんです」

辛抱強く見守り続けた結果、出来上がった本はキメねこ氏、草下氏の両者ともに満足いく仕上がりとなった。しかし、出来がいいからといって売れるかどうかはまた別の話だ。エッジの利いた企画であることは明らかだが、だからこそ、どれだけ売れるかは未知数でもある。何部刷るかの判断に頭を悩ませた草下氏は、部数決定に先行してＡｍａｚｏｎで予約を受け付けることにした。

「普通は、Ａｍａｚｏｎにアップする前に、刷り部数って決まっていることが多いですよね。でも、キメねこさんの本は、刷り部数の予測がまったくつかなくて。正直なところ、どれくらい売れるかわからなかった。定価を高く設定したので２５００部くらい刷れれば採算は取れるんですけれども……」

キメねこ氏のXのフォロワーは12万人（２０２４年8月現在）。当然、絶好の宣伝ツールだ。Ａｍａｚｏｎで予約を開始するにあたり、草下氏はX上での販促の協力を著者のキメねこ氏に頼んだが、初の著書の制作に没頭していたキメねこ氏のXは、その時点で一年以上も稼働が止まっている状況だった。

「いまのXのアルゴリズムって、頻繁に投稿していないとインプレッションが伸びにくくなる仕組みなんです。だから校了を済ませた後、アルゴリズム対策に、キメねこさんにXにいくつかポストしてもらいました。『あれ。キメねこ、生きてたぞ』みたいな感じでフォロワーの方たちがざわざわし始めて、ある程度、アルゴリズムに適応できたんじゃないかなってタイミングで、『キメねこの薬図鑑』のＡｍａｚｏｎのリンクを張った投稿をしてもらったんです。

現状、Ａｍａｚｏｎって6時間くらいでランキングが入れ替わるようなんですが、キメねこさんがXで告知する前は和書総合の売れ筋ランキングで2万位くらいの位置にいたんですよね。告知後にちょこちょこと注文が入りだして、まぁ300位くらいにいけばいいかなって思ってたんですよ。特典ステッカーをつけるっていう販促努力もしたんですが、いってもそれくらいだろうと踏んでいたんです。

ところが、夜中の2時くらいにランキングをチェックしたら、なんと総合2位になっていたんです。『マジか！』って目を疑っちゃいました。

長年編集者としてやってきましたが、叶えていない夢がふたつあるんです。そのうちのひとつがAmazonで総合1位を取ること。たぶん、これまで作った本の売上げランキングで一番高かったのは、『地元最高！』の4位だと思うんです。でもキメねこさんの本は2位。その時点で記録は更新できてるんですが、やっぱり1位を期待しますよね。次の更新のタイミングがわからなかったので、3時間おきにタイマーをかけて寝て、目を覚ますたびにチェックしていたら、朝の5時くらいに1位になってたんです。

『やったー！』って急いでランキングのスクショを撮りました。昼頃に起きたらまた2位に落ちていたんで、たぶん6時間だけ1位だったんですよ」

予約受付開始日とその翌日とで、Amazonに入った予約注文は約1700冊。500冊くらい動けば御の字と考えていた草下氏の予想は、良いほうに大きく外れることとなった。

「Xで告知してってことをキメねこさんに連絡しても2、3日は連絡がつかなくって、ようやく告知してもらえたらなんと1位です。Amazonで3000部は売れるだろうって判断で、書店分は2500部とみて、結果、5500部刷ることになったんです」

今回『キメねこの薬図鑑』を作るにあたり、草下氏はキメねこ氏と成功報酬の話をしていた。

「著者のことを考えて、すごく売れたら印税にプラスして、原稿料を払いますって話をしていたんです。実際にどれだけ払えるかはわからなかったんですが、今回は部数も増えたので、初版分は1ページ6000円の原稿料を払うことにしました。二刷になったら1ページ2000円さらに追加。3刷でも同じくです。原稿料1万円を打ち切りにしますけど、定価の値付けが高いから、出版社としても十分な利益が取れるし、その利益は著者にも還元しますよということで、条件を提示したらキメねこさんも合意してくれたんですが、発売前にそれが叶った。嬉しいですね」

『キメねこの薬図鑑』にとっては、先行きの明るい滑り出しとなったが肝心の著者の反応はというと……。

「キメねこさんには、まず2位のランキングのスクショを送ったんです。『これは、楽しみですね』と。でも既読がつかず、次に1位のスクショとともに『1位ですよ、すごいですね』ってメッセージを送ったんですが、それもまた既読がつかず……やっと4、5日経ってから返信があった。キメねこさんらしいというか、やっぱり常人の感覚とは違う。だからこそ、すごくいいものが作れるんです」

長年の望みを達成した草下氏だが、もうひとつ、叶えたい夢がある。ミリオンセラーを出したいというものだ。

「著者としては、漫画『半グレ』のシリーズ累計では叶えられているし、マルちゃんとのＹｏｕＴｕｂｅチャンネル『裏社会ジャーニー』の登録者数も１００万人登録いって、目標は達成したんですが、やっぱり編集者として１００万部売れる本を作りたいですね。『地元最高！』の人気がさらに高まってきているので、いずれ１００万部いくんじゃないかって密かに期待しています」

最後に草下氏の編集力の強さを目撃することとなり、感慨深さを感じたのもつかの間、草下氏はさらに衝撃的な、もうひとつの報告を始めた。２０２４年の９月に彩図社を辞めるというのだ。いったい何が、踏ん切りをつけるきっかけとなったのか。

「もともと、うちの会社の事業はコンビニがひとつの柱でした。コンビニに置く本の企画って広く浅く少しだけ捻りを加えたものがいいので、あまりマニアックだと売れない。それはそれでよかったんですが、コンビニが本を扱わないとなったいまは、僕が作っているようなマニアックな本を作らないといけなくなった。後輩たちもそういった本を作っていくわけですが、方向転換してすぐに成果を出すことは難しいですよね。

コンビニに本が置かれなくなり、書店が減少し、ますます紙の本を取り巻く環境は厳しくなっていく。そのなかで編集者という仕事を続けていくためには成長し続けなければならない。その時は本気で辞める気があったわけじゃないけれど、後輩たちに『あと3年で会社を辞めるかもしれないから、みんながんばらないとダメだよ』と、3年前からハッパをかけ続けてきたんです。

これから先のことを見越して、僕はＹｏｕＴｕｂｅのチャンネルを立ち上げて、数字を伸ばした。これまで取り組んできていなかったナンバリングタイトルの漫画『地元最高！』も伸ばした。本業の本の数字が落ちたら示しがつかないから、売れる本もたくさん作り続けてきた。だけど後輩は業界の変化に対応できずにすごく苦しんでいました」

後輩を、売れる本が作れる編集者として育てること。売れる本を作ることに加えて、それもまた、彩図社の社員として草下氏に課せられた役割だった。

「後輩にもひとりひとり、個性がある。だから杓子定規じゃなくって、ひとりひとりと面談して、どういう方向のものを作りたいかってことを聞いて助言してきました。欠点を直すよりは、いいところを伸ばすようにして、企画のアドバイスをするっていうことを続けてきたけど、なかなかすぐにはその成果は出なかった。

けれども、ここ1年くらい、後輩たちも重版のかかる本を作れるようになってきたんです。みんな新しい状況に慣れてきたこともあるし、やっぱりそれぞれの編集者自身、売れる本を作りたいっていう気持ちを強く持っていたようで、考えて努力したんですよ。

自分自身が興味のあるものをきちんと掘り下げて、同じような興味のある人に提示

右「正しい脱税　元国税調査官が教える
税金を最小限に抑える技術」
（著・大村大次郎／2023年8月／彩図社）

左「マンガでわかる
オタクのための整理術」
（著・阿部川キネコ／2023年12月／彩図社）

できるか。企画の根本をどんどん掘り下げて精度を上げていけるようになったんです。『正しい脱税　元国税調査官が教える税金を最小限に抑える技術』（2023年8月　著：大村大次郎）や『マンガでわかる オタクのための整理術』（2023年12月　著：阿部川キネコ）、『後味が悪すぎる49本の映画』（2024年1月　著：宮岡太郎）、『身内が亡くなったときの手続きの進め方』（2024年1月　著：森武史、柴崎貴子、房野和由）、『アニメオタクの一級建築士が建築の面白さを徹底解剖する本。』（2024年5月　著：NoMaDoS）とか、ぽこぽこと重版がかかる本が出てきて、僕としては、ようやく伸びてくれた、と嬉しい反面、まだ自分が離れることはできないと思っていました」

そんな折、副編集長を務める権田氏が、立て続けに成果を出した。

「『ゴルゴ13』の作者のさいとう・たかをさんのアシスタントをずっとやっていた伊賀和洋さんを著者に立てた『劇画の神様　さいとう・たかをと小池一夫の時代』（2024年4月）という本の売れ行きがよくて、すぐに重版がかかりました。

さらにもう一冊、以前に権田が作った『引きこもりでポンコツだった私が女子プロレスのアイコンになるまで』（2020年8月　著：岩谷麻優）が実写化されて、映

右「後味が悪すぎる49本の映画」
（著・宮岡太郎／2024年1月／彩図社）

左「身内が亡くなったときの手続きの進め方
葬儀・銀行・保険・年金・相続・税金がすべてわかる」
（著・森武史、柴崎貴子、房野和由／2024年1月／彩図社）

画になるというような動きもあって、『いまだ！』って思ったんです。権田はもちろん、それ以外の後輩を信じられるなって確信がもてた」

まずは権田氏と営業部長に辞める意を伝えたところ、以前からいつかは会社を辞めるということをたびたび口にしていたこともあって、あっさりと受け入れられた。次に彩図社の代表取締役を務める山田有司氏に報告して了承を得た後、翌週月曜日の編集会議時に、残りの社員たちに辞職する旨を伝えることとなった。

「みな、一瞬は『え！』となりましたが、いつか辞めるということはこれまで周知してきていて、わかっていたことでもあるので。それに上司ではなくなるけれど、先輩のままではいるし、フリーとして彩図社には関わり続けることにはなるんです。『地元最高！』は外部編集として担当を続けるし、新しく始まる連載漫画のシナリオの仕事を後輩たちと共同開発することになっています。僕個人のオフィスも借りますが、しばらくは彩図社にも机を置いていままで以上に精力的に仕事をしていく予定です」

26年におけるサラリーマン生活に終止符を打ち、フリーランスで書籍はもとより、様々なコンテンツを作る人生を選択した草下氏は、これまでの自分を振り返って言う。

右「アニメオタクの一級建築士が建築の面白さを徹底解剖する本。」
（著・NoMaDoS／2024年5月／彩図社）

左「劇画の神様
さいとう・たかをと小池一夫の時代」
（著・伊賀和洋／2024年4月／彩図社）

「これまでの僕の働き方はめちゃくちゃでした。土日はＹｏｕＴｕｂｅの撮影が入るし、『地元最高！』の更新は土曜日の深夜で、場合によっては夜中の2時まで更新を待っていることもある。〈草下シンヤ〉として入ってくる仕事が、僕の人生的にもボリュームが大きくなってくる一方で、会社員という立場なので、朝10時には出社しないといけない。うちの会社の定時は10時から18時なんですが、半年くらい前に、自分だけ12時出社に変えてもらったら、少し働きやすくなって助かったんだけど、それでもさすがに体力が厳しくて。代休なんて１００日とか２００日とか溜まっているようなやばいスケジュールの上に、年も取ってきてるから、きつくって。

社会人としてみた時に、彩図社の中であきらかに僕だけ特殊な動きをし続けている上に、後輩の編集者たちの間に『うちには草下がいるから大丈夫だろ』っていう意識がちょっと見えたりもして、このままじゃ彩図社は尻すぼみになってしまうし、僕がいることで後輩たちの成長を妨げているのではないかって危惧が常にあったんです。だから後輩たちが成果を出せるようになってきたタイミングで、思い切って決断しました」

まだ10代の頃から出入りをしていた彩図社には、当然のこと愛着もあるし、恩も感じている。だからこその苦渋の決断でもあったが、結果的には円満退社となった。

「引きこもりでポンコツだった私が女子プロレスのアイコンになるまで」
（著・岩谷麻優／2020年8月／彩図社）

「社長の次に社歴が長いのは僕ですし、このまま順調にいけば経営者になる道もあったかもしれない。だけど僕は経営とかってしたくなくて、クリエイティブな仕事がしたいんです。だって社長って、資金繰りが仕事じゃないですか。彩図社は無借金の会社ですが、クリエイティブな仕事をしながらお金のことを考えるのは難しいですよ。

リーダーの資質っていろいろあると思います。代表の山田はものすごく達観している人なんですよ。あるがまま、無為で私利私欲がまったくない。そういうタイプのリーダー。僕は自分自身が成果を出して率いていくタイプ。僕と代わって新しく編集長になる権田っていうのは、懐が深くて、みんなの話を聞く調整型。決めるべきところの決断力はあるんですが、社長とも僕とも違う、彼自身の特性を活かしたリーダーシップを発揮していくと思います。権田もやる気は十分です。先輩という立場からはサポートしますが、編集長としての業務はすべて任せます。権田はもちろん、後輩の編集者たちにも、いい仕事をたくさんしてもらって彩図社をもっと盛り上げて、さらにいい会社にしていってもらえれば、僕も独立してよかったと思える。

社員たちに辞めるって告げたのは、本当に数日前なんですが、さっそく社内の雰囲気も変わってきました。いろんな相談事を、僕にではなく権田に聞きにいくようになっています。少し寂しい気持ちもないこともないですが、新リーダーの権田を中心にやっていく形に移行しつつある」

草下氏の指導によって育った後輩編集者たちは、十分に力を身につけ、彩図社の新体制に不安はない。

「僕の天職は『編集なのかな』って思ってましたけど、26年振りに中原中也の墓参りをしたタイミングで、作家を目指していた頃の自分の気持ちを思い出したんです。やっぱり作家業を仕事の主にしたい。編集者としての仕事を減らせば小説を書くこともできます。そのときの担当編集は権田にお願いしようと思っています。20年ぐらい前、僕が小説を一生懸命書き始めた頃、昼休みに喫茶店でよく原稿を読んで感想をもらっていました。『ちょっと暴力が足りないですね。読者は血が見たいと思うんです』とか、なかなかいいことを言うんですよ。今でこそ、いろんな出版社と仕事をするようになりましたが、権田が僕の初代の担当編集です。これからは作家として彩図社を盛り上げていければと思っています」

あとがき

このあとがきを書いているのは、２０２４年8月21日。書籍編集者としての彩図社での勤務も残り1ヶ月を切りました。26年間の書籍編集者の仕事を振り返ると、本当にいろいろなことがあったと思います。

バイトとして彩図社に入った20歳の頃、先輩社員の仕事を引き受けすぎて年越しを社内で1人で迎えたこと、取材でヤクザとガチガチに揉めたこと、執筆のためにインドにヘロインをやりに行ったこと、スケジュールがヤバすぎて3日で1冊書き上げたこと、裁判で闘ったこと、大炎上した著者と一緒に叩かれたことなど、思い出すのは大変だったことばかりです。ただ、「大変だったなー」と思うのと同時に「楽しかったな」という感情が湧いてきます。

それは編集という仕事に本気で向き合ってきたからだと思います。何事も適当に行っていると、その結果も適当なものになり、自身の成長につながりません。クリエイティブな仕事には正解がなく、それゆえに労力のかけかた次第で、どこまでも作品を練磨していくことができます。僕は取り組む仕事に、そして一緒に仕事をする著者たちに、できるだけ本気で向き合ってきました。そうやって作った書籍が売れれば「やった！」と声が出るぐらい嬉しいですし、売れなければ「なぜだ……」と頭を抱えるほど悔しいものです。

優柔不断でふらふらしていた僕を育ててくれたのは、こんな僕に付き合ってくれた著者や難しい仕事の数々でした。

本書でも繰り返し書いてきたように、出版を取り巻く環境は大きく変化しています。紙の本がダメになったというよりは、スマホの普及、コンテンツの多様化などによって、かつて娯楽の中心だった書籍の領域が減少しているということでしょう。これは誰が悪いとか良いということではなく、時代の流れです。

10年ぐらい前までは「本を出したい」という人が大勢いました。書籍は名刺代わりになりますし、出版社が投資する著者であるという信頼性を示すことにもつながります。ベストセラーになれば多額の印税も入ります。出版は夢のある仕事だったのです。

しかし、ここ2、3年は仲の良いインフルエンサーに「出版しない？」と提案しても「本は労力の割に儲からないから、やらなくていいかな」とか「今はYouTubeのほうに専念したい」といった反応をもらうことも増えてきました。コンビニエンスストアの雑誌や書籍の棚が減少していることとあわせて、本というコンテンツがメインカルチャーから外れていっているという印象です。

時代の移り変わりをひしひしと感じます。今後、書籍販売はこれまで以上にニッチな層を狙った高単価少部数のビジネスモデルに変化していくと思います。

この市況で編集者はどう生きるべきか？　コンテンツ制作に関わる人間はどうするべきか？

本気で考えなければいけない段階に来ています。

ただ、僕は悲観することはないと思っています。編集者の仕事は究極的には、「価値のある情報をうまくまとめて伝えること」です。それは書籍や雑誌というフィールドだけではなく、ＹｏｕＴｕｂｅなどの動画コンテンツでも、マンガや脚本といったクリエイティブコンテンツでも活用することができます。また、ＳＮＳ運用や企業経営にまで使うことができる能力だと思います。

動画編集のまったくの素人だった僕が『裏社会ジャーニー』を登録者数１２０万人超えのチャンネルに育てることができたのも、Ｘのフォロワー数を伸ばすことができたのも、様々なイベントでの仕切りをこなすことができるのも、根底には「編集力」が作用しています。

情報がこれだけ氾濫する時代において、「有益な情報を集め、取捨選択し、適切なパッケージングをし、効果的な販促活動によって広げていく」という編集能力は様々な世界で活かすことができます。また、書籍というメディアと他のメディアを組み合わせることで相乗効果を生み出すことも可能です。これからの編集者は出版業界や紙の本といった小さな世界にこだわるのではなく、フィールドをどんどん拡張しコンテンツの可能性を広げていくことが求められるでしょう。

そして作家やマンガ家などのクリエイターが組織に所属することなく、自己責任のもと自由な活動をしているように、今後、編集者もフリーの活動が増えていくと思います。僕は作家業を中心に仕事をしていきますが、この人と仕事をしたいと思う人がいればフリー編集者として関わっていきます。組織の一員として編集者が働く時代から、編集者も自身の能力で仕事を選ぶ自由な職業になっていくことでしょう。彩図社の後輩やこれから編集者を目指そうという人には「編集者こそ自由であれ！」と伝えたいです。

最後に、これまで僕に関わってくれたすべての著者や出来事に心から感謝を申し上げます。良いことばかりではなく、ツラいことと悲しいことと苦しいこと、それらすべてが僕を鍛えてくれました。みなさん、ありがとうございました。

そして、本書を担当してくれた鉄人社の平林さん、ありがとうございました。これからも良き話し相手かつ手強い麻雀仲間としてよろしくお願いします。本書の聞き手役として、僕のとりとめのない話をキレイにまとめてくれた大泉りかさん、ありがとうございました。また、一緒に面白い本を作りましょう。

静岡の片田舎に生まれたやさぐれた読書好きのガキだった僕の血肉になっているのは、人生に絶望しながらもむさぼり読んだあらゆる活字です。本書の言葉が誰かにとってほんの少しでも響くものになれば幸いです。

２０２４年８月21日　草下シンヤ

小規模出版社の編集者が“大当たり”を連発できる理由

ヒットを生む技術

2024年9月26日　第1刷発行

著　者	草下シンヤ
聞き手	大泉りか
発行人	尾形誠規
編集人	平林和史
発行所	株式会社 鉄人社
	〒162-0801 東京都新宿区山吹町332 オフィス87ビル3階 TEL 03-3528-9801　FAX 03-3528-9802 https://tetsujinsya.co.jp
デザイン	細工場
印刷・製本	モリモト印刷株式会社

ISBN978-4-86537-282-3　C0063